# História dos concílios ecumênicos

EDITORA
intersaberes

DIALÓGICA

SÉRIE PRINCÍPIOS DE TEOLOGIA CATÓLICA

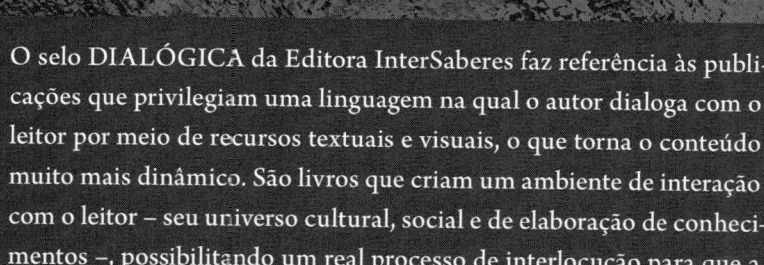

O selo DIALÓGICA da Editora InterSaberes faz referência às publicações que privilegiam uma linguagem na qual o autor dialoga com o leitor por meio de recursos textuais e visuais, o que torna o conteúdo muito mais dinâmico. São livros que criam um ambiente de interação com o leitor – seu universo cultural, social e de elaboração de conhecimentos –, possibilitando um real processo de interlocução para que a comunicação se efetive.

# História dos concílios ecumênicos

Rafael de Mesquita Diehl

**EDITORA intersaberes**

Rua Clara Vendramin, 58 . Mossunguê
CEP 81200-170 . Curitiba . PR . Brasil
Fone: (41) 2106-4170
www.intersaberes.com
editora@editoraintersaberes.com.br

Conselho editorial
Dr. Ivo José Both (presidente)
Drª Elena Godoy
Dr. Neri dos Santos
Dr. Ulf Gregor Baranow

Editora-chefe
Lindsay Azambuja

Supervisora editorial
Ariadne Nunes Wenger

Analista editorial
Ariel Martins

Preparação de originais
Juliana Fortunato

Edição de texto
Floresval Nunes Moreira Junior
Arte e Texto Edição e Revisão de Textos

Capa e projeto gráfico
Iná Trigo (*design*)
Tatiana Kasyanova/Shutterstock (imagem)

Diagramação
Estúdio Nótua

Equipe de *design*
Mayra Yoshizawa
Laís Galvão

Iconografia
Regina Claudia Cruz Prestes

1ª edição, 2019.
Foi feito o depósito legal.

Informamos que é de inteira responsabilidade do autor a emissão de conceitos.

Nenhuma parte desta publicação poderá ser reproduzida por qualquer meio ou forma sem a prévia autorização da Editora InterSaberes.

A violação dos direitos autorais é crime estabelecido na Lei n. 9.610/1998 e punido pelo art. 184 do Código Penal.

**Dados Internacionais de Catalogação na Publicação (CIP)**
**(Câmara Brasileira do Livro, SP, Brasil)**

Diehl, Rafael de Mesquita
    História dos concílios ecumênicos/Rafael de Mesquita Diehl. Curitiba: InterSaberes, 2019. (Série Princípios de Teologia Católica)

    Bibliografia.
    ISBN 978-85-5972-878-1

    1. Concílio Vaticano (2.: 1962-1965) – História
2. Ecumenismo 3. Igreja Católica – História I. Título. II. Série.

18-19994                                               CDD-262.52

**Índices para catálogo sistemático:**
1. Concílio Vaticano 2°: História    262.52

Maria Alice Ferreira – Bibliotecária – CRB-8/7964

# Sumário

Apresentação, 13
Organização didático-pedagógica, 15
Introdução, 19

1     Os concílios da Antiguidade I: Trindade e Cristologia, 25

1.1   O Concílio de Jerusalém (ca. 50), 28
1.2   Os Concílios de Niceia I (325) e Constantinopla I (381), 36
1.3   Os Concílios de Éfeso (431) e Calcedônia (451), 49
1.4   Os Concílios de Constantinopla II (553) e Constantinopla III (681), 63

2     Os concílios da Antiguidade II: o culto e a disciplina, 81

2.1   O Concílio de Niceia II (787), 85
2.2   O Concílio de Constantinopla IV (869-870), 91

| | | |
|---|---|---|
| 3 | | Os concílios da Idade Média: a normatização da cristandade, 107 |
| 3.1 | | Os Concílios de Latrão I (1123), Latrão II (1139) e Latrão III (1179), 112 |
| 3.2 | | O Concílio de Latrão IV (1215), 117 |
| 3.3 | | Os Concílios de Lião I (1245), Lião II (1274) e Vienne (1311-1312), 121 |
| 3.4 | | O Concílio de Constança (1414-1418), 133 |
| 3.5 | | O Concílio de Basileia-Ferrara-Florença (1431-1445), 140 |
| 3.6 | | O Concílio de Latrão V (1512-1517), 147 |
| 4 | | Os Concílios da Modernidade, 155 |
| 4.1 | | O Concílio de Trento (1545-1548, 1551-1552, 1562-1563), 157 |
| 4.2 | | O Concílio Vaticano I (1869-1870), 166 |
| 4.3 | | Os antecedentes do Concílio Vaticano II (ca. 1920-1950), 171 |
| 4.4 | | O Concílio Vaticano II (1962-1965), 175 |
| 4.5 | | A recepção e a repercussão do Concílio Vaticano II, 190 |

Considerações finais, 201
Referências, 203
Bibliografia comentada, 211
Respostas, 213
Sobre o autor, 215

Dedico esta obra à minha querida esposa, Emiliane Dias Lima Diehl, companheira de fé e de vida.

Agradeço primeiramente a Deus, pelo auxílio de Sua destra onipotente, e aos santos, pelo auxílio de suas preces.

Em segundo lugar, agradeço ao apoio de toda a minha família: meus pais, Cesar Aloisio Diehl e Evalda Maria de Mesquita Diehl, meu irmão, Daniel de Mesquita Diehl, e minha esposa, Emiliane Dias Lima Diehl, por todo apoio moral e material.

Agradeço também especialmente a Catiane Rodrigues, que testemunhou as pilhas de livros necessárias à realização deste livro.

Agradeço a meus avós paternos (*in memoriam*), Oscar e Leopoldina, e a meus avós maternos, Alvaro e Sônia.

Agradeço também aos meus sogros e a toda a família Dias Lima.

Por fim, sinto-me devedor de todos os sacerdotes que me orientaram, pelo apoio, pelas críticas e sugestões que ajudaram a concluir esta obra.

Pois onde cois ou três estiverem reunidos em meu nome, ali estou eu no meio deles.

(Mt 18,20)[1]

---

[1] Para esta e para todas as demais citações da Bíblia nesta obra, optamos pela edição da Editora Ave Maria (Bíblia..., 2011).

# Apresentação

O Concílio Vaticano II certamente foi um dos grandes marcos da História da Igreja no século XX. Muitos de seus temas continuam bastante atuais e muitas de suas propostas e diretrizes ainda comportam desafios para a aplicação prática. Contudo, apesar das novidades que circundaram esse evento, devemos lembrar que ele foi o 21º de uma série de concílios que tencionaram discutir questões que preocupavam os membros da Igreja em cada período em que ocorreram.

A Igreja, por ser composta por homens, enfrentou desde os primórdios de sua caminhada terrena uma série de conflitos, quer sobre as questões doutrinárias ("no que devemos crer?"), quer sobre as disciplinares ("como devemos agir?", "como a Igreja deve responder a esse problema concreto?"). Nesse sentido, as autoridades eclesiásticas buscaram organizar reuniões nas quais os assuntos de maior relevância ou alcance e amplitude fossem discutidos em conjunto. Vendo de um ponto de vista humano, os concílios aparecem como uma natural reunião de pessoas com liderança ou grande saber para tentarem resolver um conflito e chegarem a um acordo sobre problemas importantes que afetam a todos os envolvidos. Do ponto de vista sobrenatural, os concílios nos revelam a manifestação da unidade da Igreja (em sua diversidade de mentalidades, culturas, localidades) e a ação inspiradora do Espírito Santo – que, mesmo em meio às debilidades humanas, garante à Igreja o caminho seguro da doutrina e da atuação em cada contexto.

Mas, se foi dito que cada concílio está relacionado com seu específico contexto histórico, qual a relevância de estudarmos os concílios hoje? Para isso, caro leitor, é preciso primeiramente recordar que a Igreja, guiada pelo Espírito Santo, vive uma peregrinação terrestre em comunhão entre seus membros e com Seu Fundador. Dessa forma, as decisões dos concílios e suas formulações doutrinárias nos ajudam a compreender melhor aquilo em que cremos como católicos e a distinguir dentro da Igreja os aspectos essenciais daqueles que necessitam de contínua mudança e renovação. Estudando a história dos concílios, entenderemos por que certo aspecto da doutrina foi discutido de forma mais intensa em um contexto e não em outro ou por que, em determinado momento, a Igreja agiu de forma diferente da que esperaríamos no mundo de hoje.

Bons estudos!

# Organização didático-pedagógica

$\mathcal{E}$sta seção tem a finalidade de apresentar os recursos de aprendizagem utilizados no decorrer da obra, de modo a evidenciar os aspectos didático-pedagógicos que nortearam o planejamento do material e como você pode tirar o melhor proveito dos conteúdos para seu aprendizado.

## Introdução

Logo na abertura do capítulo, você é informado a respeito dos conteúdos que nele serão abordados, bem como dos objetivos que o autor pretende alcançar.

Como o Concílio de Constantinopla III havia tratado apenas de temas doutrinais, o Imperador Justiniano II (685-692, 705-711) sentiu a necessidade de convocar um novo concílio para tratar das questões práticas/disciplinares. Esse concílio, realizado entre os anos 691 e 692, buscava complementar as decisões do quinto (Constantinopla II) e do sexto (Constantinopla III) concílios ecumênicos, razão pela qual ficou conhecido como o *Concílio Quinisexto*, tendo sido realizado no *Trullos* do palácio imperial. A ideia do imperador era codificar de forma padronizada o direito da Igreja. Entretanto, como esse evento teve a participação somente de clérigos orientais, muitas práticas rituais e disciplinares das igrejas ocidentais foram condenadas, o que fez com que esse concílio fosse rejeitado pelo papado (Yannopoulos, 1995).

### Síntese

Neste primeiro capítulo, você estudou os concílios da Antiguidade. Esses concílios se inspiraram na reunião organizada, pelos apóstolos, por volta do ano 50, na qual se discutiu o problema da observância da Lei Mosaica. Nesse primeiro "Concílio de Jerusalém", os apóstolos concordaram em não impor aos convertidos de origem grega a observância dos preceitos judaicos.

Você também pôde conhecer concílios que se realizaram depois de o Cristianismo ter sido liberado no Império Romano e paulatinamente adotado pelos imperadores como religião pessoal e do Império. Esses concílios ocorreram sob a influência dos imperadores, que viam na unidade eclesial uma condição para a unidade política que almejavam para o Império (ameaçado em sua parte ocidental pelos bárbaros germânicos). Os quatro primeiros concílios ecumênicos versavam sobre a relação entre as Pessoas da Trindade (um só Deus em três Pessoas distintas) e sobre a Pessoa de Cristo como Deus e Homem.

# Síntese

Você dispõe, ao final do capítulo, de uma síntese que traz os principais conceitos nele abordados.

---

papa, proclamou a existência de duas vontades (divina e humana) e duas operações/ações (divina e humana) na única Pessoa de Cristo.

Como você pôde perceber, grande parte de nosso patrimônio no conhecimento da fé sobre Deus e Seu Filho nos foi legada por esses seis primeiros concílios ecumênicos. A profissão de fé que pronunciamos na missa, em grandes solenidades da Igreja, e as fórmulas utilizadas nas orações e na liturgia estão impregnadas da doutrina esclarecida nesses primeiros concílios.

### Atividades de autoavaliação

1. O Concílio de Niceia se reuniu para tratar do problema doutrinário da relação do Pai com o Filho. A doutrina que negava a divindade do Filho/Logos e foi condenada como herética pelo concílio niceno ficou conhecida como:
   a) Arianismo.
   b) Macedonianismo.
   c) Febronianismo.
   d) Monoteísmo.
   e) Monoenergismo.

2. O Concílio de Calcedônia definiu que a única Pessoa de Cristo continha duas naturezas (humana e divina). O documento que expressava essa cristologia, elaborado pelo Papa Leão I e enviado ao concílio, ficou conhecido como:
   a) Os três capítulos.
   b) *Ekhtesis* ou "Exposição".
   c) *Tomus ad Flavianum*.
   d) Edito de Tessalônica.
   e) Fórmula da Concórdia.

# Atividades de autoavaliação

Com estas questões objetivas, você tem a oportunidade de verificar o grau de assimilação dos conceitos examinados, motivando-se a progredir em seus estudos e a se preparar para outras atividades avaliativas.

# Atividades de aprendizagem

Aqui você dispõe de questões cujo objetivo é levá-lo a analisar criticamente determinado assunto e aproximar conhecimentos teóricos e práticos.

# Bibliografia comentada

Nesta seção, você encontra comentários acerca de algumas obras de referência para o estudo dos temas examinados.

# Introdução

Prezado leitor, nesta obra, pretendemos apresentar a você um breve panorama do contexto histórico, das definições dogmáticas e das prescrições disciplinares, bem como do impacto e da repercussão dos 21 concílios ecumênicos da história da Igreja. Introduziremos também uma breve exposição sobre o chamado *Concílio de Jerusalém*, convocado pelos apóstolos por volta do ano 50, evento no qual os concílios posteriores vieram a se espelhar.

Você saberia definir o que é um *concílio*? Falamos tanto do Concílio Vaticano II ou que a Igreja realizou vários concílios ao longo da história para resolver inúmeras questões, mas seríamos capazes de sintetizar as características que compõem, essencialmente, um concílio da Igreja? Talvez poderíamos consultar um dicionário, mas, em questões históricas, esse gênero de livro costuma ser falho porque não dá conta das nuances conceituais de determinados vocábulos que encerram conceitos mais complexos. A pergunta é, de fato, difícil de ser respondida, pois, como veremos mais adiante, os concílios sofreram muitas modificações ao longo da História.

Além disso, poderíamos fazer outra pergunta: Das diferentes reuniões conciliares da Igreja, como sabemos quais foram legítimas? E como saber quais delas tiveram validade para toda a Igreja?

A palavra *concílio* vêm do latim *consilium*, que significa "conselho". Essa palavra era usada também para definir determinados tipos de reuniões para assuntos importantes. Em grande parte da história da Igreja, usou-se indistintamente as palavras *concílio* e *sínodo* como sinônimos, independente da abrangência da e localidade dessas reuniões eclesiásticas. Baseando-nos em Christopher Bellitto (2010), podemos definir os concílios (gerais/ecumênico s) como encontros da Igreja convocados pelo papa e compostos pelos bispos – e, por vezes, por mais participantes – para abordar temas importantes para a Igreja em determinado momento. Hubert Jedin (1960) apresenta-nos uma definição mais estruturada, que ele retira do Código de Direito Canônico de 1917. Nós a apresentamos a seguir, de forma esquematizada e com algumas alterações, tendo em vista as mudanças do Código de Direito Canônico de 1983 (A Santa Sé, 2007):

1. **Concílios Ecumênicos**: Reunião de bispos e outras pessoas com jurisdição, presididos pelo papa, para tratar de assuntos de fé e disciplina da Igreja. Formulam definições com autoridade sobre toda a Igreja e têm alcance universal.
2. **Concílios Provinciais**: Reúnem os bispos de uma mesma província eclesiástica sob a autoridade do arcebispo metropolitano.
3. **Concílios Plenários**: Reúnem representantes de várias províncias eclesiásticas sob a presidência de um representante do papa.

4. **Sínodo diocesano:** Reunião do clero, religiosos e (às vezes) representantes leigos de uma diocese sob a presidência de seu bispo.[1]

Os concílios de abrangência universal foram chamados, a partir do ano de 451 (no Concílio Ecumênico de Calcedônia), de *ecumênicos* não por conta do sentido moderno dessa palavra (diálogo entre as diferentes denominações/confissões cristãs), mas pela latinização *oecumenicum* da palavra grega *oikoumene*, que, para os antigos gregos e romanos, se referia ao mundo habitado/civilizado ou aos territórios sob autoridade e influência do Império Romano. Os Padres da Igreja alargaram o conceito da *oikoumene*, entendendo-a como a extensão de toda a Terra ou a Igreja difundida pelo orbe terrestre. Foi nesse sentido, isto é, o da Igreja que busca abarcar todos os povos da terra, que determinados concílios se qualificaram como *ecumênicos*, pois tratavam de assuntos que consideravam de importância para toda a Igreja (Hortal, 1996).

Como você pôde observar nessas definições, a nomenclatura dos Concílios Ecumênicos foi se consolidando aos poucos, e isso foi reflexo da própria formação histórica experimentada pelos concílios. Você lembra, por exemplo, que quando mencionamos *concílios ecumênicos* estava previsto que a convocação e a presidência dessas reuniões cabiam ao papa? Isso não pode ser no sentido direto, pois, antes do primeiro concílio lateranense, no ano de 1123, nenhum concílio ecumênico havia sido presidido por um bispo de Roma e todos haviam acontecido no Oriente. Logo, quando se fala da relação do papa com um concílio ecumênico, devemos entender isso em um sentido indireto, isto é, que o romano pontífice muitas vezes reconhece a validade de

---

1 Em conformidade com o que é exposto por Jedin (1960), chamamos a atenção do leitor para que não confunda os concílios e os sínodos, que têm poder legislativo dentro da Igreja, com as conferências episcopais (por exemplo: Conferência Nacional dos Bispos do Brasil – CNBB; Conferência Episcopal Latino-americana – CELAM), que tratam de assuntos da vida eclesial cotidiana de seus países ou regiões, mas sem poder de legislação canônica.

um concílio ecumênico por meio da aprovação dos documentos deste ou mediante o envio de legados (representantes) da Sé Apostólica para a dita *reunião conciliar*. Muitos detalhes mudaram na celebração dos concílios ecumênicos: os locais, a duração, os participantes admitidos, a sua recorrência etc.

Consideramos importante que você, leitor, atente para os seguintes elementos ao acompanhar esta obra: entender o contexto histórico de cada concílio e os temas (doutrinais e disciplinares) abordados; conhecer seus principais documentos e compreender a repercussão e recepção de cada concílio na vida da Igreja. Inspiramo-nos nas divisões feitas por Alberigo (1995a) para categorizar os concílios em quatro grandes grupos:

1. **Concílios da Antiguidade**: Reunidos sob a autoridade dos imperadores romanos/bizantinos, buscavam formular as profissões de fé e prescrever algumas normas (cânones) para a disciplina da Igreja. Abarcavam tanto Ocidente quanto Oriente.
2. **Concílios da Idade Média**: Convocados e presididos pelos papas, tinham um acento mais jurídico, buscando ordenar toda a sociedade, entendida como *Christianitas*. Estavam praticamente restritos ao âmbito da Igreja latina, com raríssimas exceções.
3. **Concílios da Modernidade**: Convocados pelo papa e presididos por legados (Trento) ou pelo próprio pontífice romano (Vaticano I), focaram-se no caráter apologético de defesa da fé contra as críticas das confissões protestantes e das correntes filosóficas modernas. A abrangência diverge: Trento ainda era basicamente ocidental, enquanto o Vaticano I já tem certa participação oriental.
4. **Concílio Vaticano II**: Convocado e presidido pelo papa, com participação também do laicato católico e observadores não católicos, teve um caráter mais pastoral, visando refletir sobre o diálogo da

Igreja com o mundo moderno. Abrangeu o Ocidente e o Oriente e teve certa repercussão "extraeclesial".

Com base nessa divisão, estruturamos esta obra em quatro capítulos. O primeiro capítulo trata do "Concílio apostólico de Jerusalém" e dos concílios ecumênicos celebrados entre os séculos IV e VII, abordando a doutrina sobre a Trindade e a Cristologia. No segundo capítulo, você poderá conhecer os concílios dos séculos VIII e IX, que abordaram questões relacionadas ao culto cristão e à disciplina da Igreja nas suas diferenças entre Ocidente e Oriente. O terceiro capítulo aborda os concílios ecumênicos presididos pelos papas entre os séculos XII e XV, além de tratar do V Concílio Lateranense, que já pode ser entendido como uma primitiva tentativa de Reforma Católica às vésperas das Reformas Protestantes[2]. O quarto capítulo aborda os concílios ecumênicos de Trento, Vaticano I e Vaticano II, com um maior destaque para este último, dada a sua abrangência e seu impacto na história da Igreja contemporânea.

Uma obra com tal abrangência de períodos cronológicos e assuntos naturalmente está sujeita a determinadas escolhas. Dessa forma, procuramos fornecer os principais aspectos históricos de cada concílio (período, localidade, número aproximado de participantes e sessões), bem como sintetizar as principais determinações doutrinais, disciplinares e pastorais de cada assembleia conciliar. Por esse motivo, você encontrará várias referências a estudiosos reformuladas e sintetizadas pelo autor desta obra. Escolhemos escrever dessa forma, evitando citar diretamente os autores, para que o texto não ficasse muito abrupto, já que optamos por dar preferência às citações diretas dos documentos dos concílios.

---

2 Usamos *Reformas Protestantes* no plural por entendermos que o surgimento de diferentes confissões cristãs no século XVI não constituía uma unidade doutrinal nem organizacional, contendo dentro de si fortes embates teológicos (sobre a predestinação e os sacramentos, por exemplo) e eclesiais (por exemplo: conflito entre modelos de governo episcopal ou presbiteral).

Para um melhor entendimento, inserimos no início dos capítulos e de algumas sessões algumas explicações sobre os antecedentes e o entorno histórico de cada concílio, a fim de facilitar a localização temporal e espacial. Você perceberá que há uma grande quantidade de notas de rodapé. Elas foram utilizadas para apontar elementos adjacentes importantes sem quebrar o fluxo da leitura.

O estudo dos concílios ecumênicos se reveste de atualidade para compreendermos melhor a dinâmica histórica da Igreja e a importância do diálogo e do debate (sem esquecer o aspecto sobrenatural da guia do Espírito Santo) no meio eclesial para o melhor entendimento daquilo em que cremos e para a renovação de nosso modo de vida cristão. Este estudo também nos ajuda a ter uma visão sob uma perspectiva de maior duração, entendendo o tempo de Deus como diferente do tempo dos homens. Veremos que os homens muitas vezes demandam por mudanças rápidas, sob o impulso das emoções. A Igreja, contudo, tem uma dinâmica mais lenta, resultado de uma sabedoria de séculos que busca, antes, uma reflexão acertada para seguir uma ação adequada a cada época e contexto.

Por fim, convidamos você a buscar o sentido sobrenatural dessa história: a fé da Igreja, que vai sendo cada vez melhor comunicada aos fiéis, e novas instruções sobre a vivência cristã para cada época. Tudo isso ocorre em meio a falhas, incompreensões e conflitos humanos, que se manifestam inclusive nos eventos históricos e nos debates dos concílios. Desejamos que esta obra fortaleça você em sua fé e no seu conhecimento!

# 1
# Os concílios da Antiguidade I: Trindade e Cristologia[1]

---

[1] A edição da Bíblia utilizada para a elaboração deste capítulo é a da Editora Ave Maria (Bíblia..., 2011).

Na divisão tradicional da história no mundo ocidental (isto é, naquele em que predomina a cultura de influência europeia), temos quatro grandes períodos após a Pré-História (aproximadamente 3 milhões a.C. a aproximadamente 4 mil a.C.): Idade Antiga (4 mil a.C. a 476 d.C.), Idade Média (476 a 1453/1492), Idade Moderna (1453/1492 a 1789) e Idade Contemporânea (1789 aos dias de hoje).² Note que essa divisão tem um enfoque político, centrado na ascensão e na queda de impérios e em mudanças de governo. Isso porque parte dos historiadores europeus do século XIX estava influenciada pelos modelos políticos do positivismo (que via a história humana sob a lógica de uma linha evolutiva de progresso cuja civilização europeia era o cume) e do nacionalismo (que via a finalidade da história na formação do Estado-nação). Já na história da Igreja, usamos uma divisão um pouco diferente, com algumas variações: Idade Antiga (do surgimento da Igreja no século I até a liberdade concedida pelo Imperador Constantino I, em 313); Idade Média (de Constantino até o início das Reformas Protestantes); Idade Moderna (das Reformas Protestantes até o século XIX); Idade Contemporânea (do século XIX em diante). Para nosso estudo, vamos considerar:

---

2 1) Idade Antiga: inicia-se por volta de 4 mil a.C., com o surgimento da escrita, e termina em 476 d.C., com a conquista do Império Romano do Ocidente pelos povos bárbaros. É o tempo das conhecidas civilizações egípcia, mesopotâmica, hebraica, fenícia, persa, grega e romana.
2) Idade Média: inicia-se em 476 e termina em 1453, com a conquista do Império Romano do Oriente pelos turcos-otomanos (alguns autores propõem, outro marco: a data de 1492, da chegada de Cristóvão Colombo na América). É a época do feudalismo, dos castelos, da cavalaria, das cruzadas.
3) Idade Moderna: inicia-se em 1453 ou em 1492 e termina em 1789, com o início da Revolução Francesa. É a época do Renascimento, das Grandes Navegações, da colonização europeia das Américas.
4) Idade Contemporânea: inicia-se em 1789 e continua nos dias de hoje. É a época da política moderna, das democracias, das ideologias, da Revolução Industrial e da revolução tecnológica.

1. **Antiguidade (séculos I a X)**: Época anterior ao Cisma do Oriente (1054).
2. **Período medieval (séculos XI a XV)**: Do Cisma às Reformas Protestantes.
3. **Período moderno (séculos XVI a XXI)**: Das Reformas Protestantes aos dias atuais.

Antes de ser tolerada no Império Romano, a partir do ano 313, a Igreja vivia seu culto, sua disciplina e sua prática de evangelização sob um regime de perseguição, o que muitas vezes inviabilizava comunicações frequentes a longas distâncias ou uma organização mais uniformizada. Entretanto, já nos primórdios a Igreja enfrentou divisões, doutrinas dissidentes e conflitos internos. O livro dos Atos dos Apóstolos relata um acontecimento que influenciou a forma de a Igreja resolver problemas internos nos séculos seguintes: o Concílio Apostólico de Jerusalém.

## 1.1 O Concílio de Jerusalém (ca. 50)

Nos primeiros anos da Igreja, o grande dilema era: Como conciliar a observância da Lei Judaica com a novidade do Evangelho de Jesus Cristo? Antes mesmo de os Evangelhos terem sido redigidos, os cristãos já enfrentavam seu primeiro problema. Era uma questão doutrinal (pois estava ligada ao alcance da Graça de Cristo e sua superioridade diante da lei veterotestamentária) e disciplinar (pois visava resolver as diferenças entre os fiéis vindos do judaísmo e os do mundo helênico[3]).

A comunidade cristã de Jerusalém era formada, em grande parte, de fiéis de origem judaica, enquanto a comunidade de Antioquia, na Síria, era formada, na maioria, por fiéis de procedência helênica. Se você reler os primeiros capítulos dos Atos dos Apóstolos (especialmente At 3,46-47; At 3,1; At 5,12.42), poderá perceber que, nos primeiros anos da Igreja, era comum os cristãos reunirem-se nas casas para orações e para a Eucaristia, embora ainda frequentassem o Templo de Jerusalém e as sinagogas judaicas espalhadas pela Judeia, Samaria, Galileia e regiões vizinhas. A Igreja, Nova Aliança, via-se como continuidade do Povo de Deus do Antigo Testamento.

Com o tempo, os cristãos passaram a dirigir sua pregação também aos gentios (não judeus), em cidades fora da Palestina. Mesmo nesses casos, o procedimento comum era que os cristãos pregassem primeiro aos judeus nas sinagogas e depois aos gentios. Por volta do final da década de 40 d.C., surgiram desentendimentos dentro das comunidades cristãs. Os fiéis de Jerusalém defendiam que era necessária a observância integral da Lei Mosaica do Antigo Testamento[4] (incluindo a circuncisão masculina, a abstinência de determinados tipos de alimentos e outras normas) por parte dos membros da Igreja. Os apóstolos Paulo e Barnabé, por outro lado, sustentavam que não era necessária a observância da Lei por parte dos cristãos.

---

3  Não nos referimos aqui simplesmente a indivíduos de linhagem grega/helênica, mas a pessoas formadas na cultura helenística (isto é, a cultura grega já com influências orientais a partir das conquistas do rei macedônio Alexandre III, o Grande, no século IV a.C.). O mundo greco-romano era assimilativo e não tinha um ideal de "raça" ou "etnia" tal como se tinha no século XIX e na primeira metade do século XX. A cultura helenística era bastante diversificada, pois misturava correntes filosóficas gregas com ideias da religião e do misticismo dos povos do Oriente. Em alguns aspectos, aproximava-se da moral judaico-cristã (como, por exemplo, no ideal de busca de uma vida virtuosa entre alguns filósofos estoicos) e, em outros, distancia-va-se (a ideia dos cultos mistéricos e algumas seitas gnósticas de um conhecimento salvífico reservado para iniciados e baseado em rituais complexos).

4  A Lei Mosaica era composta de dois aspectos: um moral (cujo núcleo são os Dez Mandamentos) e um cerimonial (como os antigos ritos sacrificiais dos judeus: as regras de purificação externa, a circuncisão, a observância das festas judaicas etc.).

Para resolver a contenda entre cristãos judeus e cristãos helênicos, alguns apóstolos e outras autoridades da Igreja se reuniram em Jerusalém por volta do ano 50. Esse incidente é relatado no capítulo 15 do livro dos Atos dos Apóstolos e no capítulo 2 da epístola de São Paulo aos Gálatas. Em Atos, é relatado (de forma mais impessoal) o motivo da reunião, a forma como foi realizada, além de constar os principais pronunciamentos e as decisões resultantes. Vejamos o texto:

> Alguns homens, descendo da Judeia, puseram-se a ensinar aos irmãos o seguinte: Se não vos circuncidais, segundo o rito de Moisés, não podeis ser salvos. Originou-se então grande discussão de Paulo e Barnabé com eles, e resolveu-se que estes dois, com alguns outros irmãos, fossem tratar desta questão com os apóstolos e os anciãos em Jerusalém. Acompanhados (algum tempo) dos membros da comunidade, tomaram o caminho que atravessa a Fenícia e Samaria. Contaram a todos os irmãos a conversão dos gentios, o que causou a todos grande alegria. Chegando a Jerusalém, foram recebidos pela comunidade, pelos apóstolos e anciãos, a quem contaram tudo o que Deus tinha feito com eles. Mas levantaram-se alguns que antes de ter abraçado a fé eram da seita dos fariseus, dizendo que era necessário circuncidar os pagãos e impor-lhes a observância da Lei de Moisés. Reuniram-se os apóstolos e os anciãos para tratar desta questão. Ao fim de uma grande discussão, Pedro levantou-se e lhes disse: Irmãos, vós sabeis que já há muito tempo Deus me escolheu dentre vós, para que da minha boca os pagãos ouvissem a palavra do Evangelho e cressem. Ora, Deus, que conhece os corações, testemunhou a seu respeito, dando-lhes o Espírito Santo, da mesma forma que a nós. Nem fez distinção alguma entre nós e eles, purificando pela fé os seus corações. Por que, pois, provocais agora a Deus, impondo aos discípulos um jugo que nem nossos pais nem nós podemos suportar? Nós cremos que pela graça do Senhor Jesus seremos salvos, exatamente como eles. Toda a assembleia o ouviu silenciosamente. Em seguida, ouviram Barnabé e Paulo contar quantos

milagres e prodígios Deus fizera por meio deles entre os gentios. Depois de terminarem, Tiago tomou a palavra: Irmãos, ouvi-me, disse ele. Simão narrou como Deus começou a olhar para as nações pagãs para tirar delas um povo que trouxesse o seu nome. Ora, com isto concordam as palavras dos profetas, como está escrito: Depois disto voltarei, e reedificarei o tabernáculo de Davi que caiu. E reedificarei as suas ruínas, e o levantarei para que o resto dos homens busque o Senhor, e todas as nações, sobre as quais tem sido invocado o meu nome. Assim fala o Senhor que faz estas coisas, coisas que ele conheceu desde a eternidade (Am 9,11s.). Por isso, julgo que não se devem inquietar os que dentre os gentios se convertem a Deus. Mas que se lhes escreva somente que se abstenham das carnes oferecidas aos ídolos, da impureza, das carnes sufocadas e do sangue. Porque Moisés, desde muitas gerações, tem em cada cidade seus pregadores, pois que ele é lido nas sinagogas todos os sábados. Então pareceu bem aos apóstolos e aos anciãos com toda a comunidade escolher homens dentre eles e enviá-los a Antioquia com Paulo e Barnabé: Judas, que tinha o sobrenome de Barsabás, e Silas, homens notáveis entre os irmãos. Por seu intermédio enviaram a seguinte carta: "Os apóstolos e os anciãos aos irmãos de origem pagã, em Antioquia, na Síria e Cilícia, saúde! Temos ouvido que alguns dentre nós vos têm perturbado com palavras, transtornando os vossos espíritos, sem lhes termos dado semelhante incumbência. Assim nós nos reunimos e decidimos escolher delegados e enviá-los a vós, com os nossos amados Barnabé e Paulo, homens que têm exposto suas vidas pelo nome de nosso Senhor Jesus Cristo. Enviamos, portanto, Judas e Silas que de viva voz vos exporão as mesmas coisas. Com efeito, pareceu bem ao Espírito Santo e a nós não vos impor outro peso além do seguinte indispensável: que vos abstenhais das carnes sacrificadas aos ídolos, do sangue, da carne sufocada e da impureza. Dessas coisas fareis bem de vos guardar conscienciosamente. Adeus! Tendo-se despedido, a delegação dirigiu-se a Antioquia. Ali reuniram a assembleias e entregaram a carta. (At 15,1-30)

Ao lermos o capítulo 14 de Atos, podemos observar que o desentendimento provocado pela assertiva dos cristãos judeus (vindos da Judeia) sobre a obrigatoriedade da Lei de Moisés aos advindos da gentilidade ocorreu inicialmente em Antioquia, na Síria. Naquela localidade se encontravam Paulo e Barnabé após haverem retornado de uma viagem por algumas cidades da Ásia Menor (atual Turquia), como Listra e Icônio, onde alguns gentios de cultura grega haviam abraçado a fé cristã. Paulo e Barnabé, com outros líderes da comunidade local, acordaram tratar o assunto diante dos outros apóstolos que se encontravam em Jerusalém. Na Cidade Santa, encontraram alguns cristãos advindos do grupo judaico dos fariseus que sustentavam a tese da obrigatoriedade da Lei de Moisés. Os apóstolos e os anciãos (presbíteros) se reuniram então para tratar do delicado assunto.

Onde teria se dado esse encontro? Quando pensamos nos concílios, geralmente nos vêm à mente a imagem do Concílio Vaticano II, celebrado com pompa na espaçosa Basílica de São Pedro, com um grande número de participantes sentados em bancos armados em estrados, presididos pelo papa sentado em uma grande cátedra. Lembremos que no século I os cristãos ainda não tinham edifícios específicos para o culto, reunindo-se nas casas de seus membros para celebrarem a Eucaristia. Logo, podemos supor que o chamado *Concílio de Jerusalém* foi celebrado na casa de algum membro da comunidade local. Podemos igualmente imaginar que os apóstolos e presbíteros teriam se reunido em um dos cômodos mais espaçosos casa, sentando-se de forma semelhante a um semicírculo ou em duas linhas voltadas umas para as outras, como faziam o Sinédrio e os conselhos locais de anciãos e rabinos de cada sinagoga. Alberigo (1995a) aponta como fontes de possível inspiração para as reuniões colegiadas dos membros da Igreja os exemplos do Senado romano e do *Sanhedrin* (Sinédrio) judaico. Dessa forma, isso nos permite imaginar que o estilo da forma das reuniões fosse igualmente parecido.

Outro dado que nos surpreende é a duração do concílio: pelo relato, podemos inferir que ele durou menos de um dia. Foi iniciado com um discurso do apóstolo Pedro explicando sua experiência na evangelização dos gentios/pagãos e expondo sua opinião contra a obrigatoriedade da Lei Judaica para os fiéis advindos da gentilidade. A fala de Pedro foi seguida pela de Paulo e pela de Barnabé, que também relataram sua experiência entre os gentios da Ásia Menor. Em seguida, o apóstolo Tiago tomou a palavra e, acolhendo o testemunho dos apóstolos que haviam falado, pronunciou-se favorável a desobrigar os fiéis de origem gentia da obrigação da Lei, acentuando apenas a necessidade de os mesmos atentarem para três práticas: absterem-se das uniões sexuais proibidas, das carnes oferecidas aos ídolos e das carnes abatidas sem a retirada do sangue. O primeiro era um preceito moral, as outras duas práticas eram comportamentos externos que deveriam ser evitados para não escandalizar os cristãos de procedência judaica. Os demais membros presentes na reunião acolheram o parecer de Tiago e redigiram uma carta, que foi enviada à comunidade de Antioquia por meio de Paulo e Barnabé. Além de sintetizar as decisões da reunião apostólica, a carta apresenta a crença dos participantes de haverem sido guiados pelo Espírito Santo em seu veredicto: *"Com efeito, pareceu bem ao Espírito Santo e a nós"* (At 15,28).

O relato de Atos foi escrito cerca de quatro décadas após o acontecimento. Temos uma fonte mais próxima da época que se encontra em um trecho da Epístola de Paulo aos Gálatas. Esse trecho não nos dá um relato pormenorizado como o texto lucano de Atos[5], mas nos apresenta a experiência pessoal de Paulo antes, durante e após a reunião. Vejamos o relato paulino:

---

5  A autoria dos Atos dos Apóstolos é atribuída ao mesmo autor do Evangelho de Lucas, que a tradição identifica como São Lucas, um companheiro do Apóstolo São Paulo.

Catorze anos mais tarde, subi outra vez a Jerusalém com Barnabé, levando também Tito comigo. E subi em consequência de uma revelação. Expus-lhes o Evangelho que prego entre os pagãos, e isso particularmente aos que eram de maior consideração, a fim de não correr ou de não ter corrido em vão. Entretanto, nem sequer meu companheiro Tito, embora gentio, foi obrigado a circuncidar-se. Mas, por causa dos falsos irmãos, intrusos – que furtivamente se introduziram entre nós para espionar a liberdade de que gozávamos em Cristo Jesus, a fim de nos escravizar –, fomos, por esta vez, condescendentes, para que o Evangelho permanecesse em sua integridade. 6.Quanto aos que eram de autoridade – o que antes tenham sido não me importa, pois Deus não se deixa levar por consideração de pessoas –, estas autoridades, digo, nada me impuseram. Ao contrário, viram que a evangelização dos incircuncisos me era confiada, como a dos circuncisos a Pedro (porque aquele cuja ação fez de Pedro o apóstolo dos circuncisos, fez também de mim o dos pagãos). Tiago, Cefas e João, que são considerados as colunas, reconhecendo a graça que me foi dada, deram as mãos a mim e a Barnabé em sinal de pleno acordo: iríamos aos pagãos, e eles aos circuncidados. Recomendaram-nos apenas que nos lembrássemos dos pobres, o que era precisamente a minha intenção. Quando, porém, Cefas veio a Antioquia, resisti-lhe francamente, porque era censurável. Pois, antes de chegarem alguns homens da parte de Tiago, ele comia com os pagãos convertidos. Mas, quando aqueles vieram, retraiu-se e separou-se destes, temendo os circuncidados. Os demais judeus convertidos seguiram-lhe a atitude equívoca, de maneira que mesmo Barnabé foi levado por eles a essa dissimulação. Quando vi que o seu procedimento não era segundo a verdade do Evangelho, disse a Cefas, em presença de todos: Se tu, que és judeu, vives como os gentios, e não como os judeus, com que direito obrigas os pagãos convertidos a viver como os judeus? (Gl 2,1-14)

O texto repete, com mais intensidade, o problema dos defensores da obrigatoriedade da Lei e a resistência que Paulo sofreu deles. O apóstolo também aponta que a reunião dos demais apóstolos não impôs aos cristãos gentios a obrigatoriedade da Lei, citando nominalmente os apóstolos Cefas (Pedro), Tiago e João (a quem Paulo chama de *colunas*), que teriam selado a decisão dando as mãos ao apóstolo. O que o texto paulino nos revela de diferente é sobre o que ocorrera após o Concílio de Jerusalém. Relatando uma visita de Pedro a Antioquia, Paulo atribui àquele um comportamento duplo: comia junto com os cristãos de origem pagã antes da chegada dos enviados do apóstolo Tiago, mas quando estes chegaram, passou a sentar-se à mesa somente com os fiéis de origem judaica, levando outros (Barnabé inclusive) a imitarem seu comportamento. O autor da carta aos Gálatas relata que se viu obrigado a censurar Pedro publicamente pela sua atitude, expondo-lhe que não poderia obrigar os fiéis de origem pagã a viverem de uma forma que nem mesmo ele (sendo de origem judaica) vivia.

Apesar do Concílio de Jerusalém, uma separação mais nítida entre os cristãos e os judeus ocorreu com a destruição do Templo no ano 70 (e o consequente desaparecimento do culto central e do sacerdócio levítico), com o crescimento da influência dos rabinos e do grupo dos fariseus nas comunidades judaicas. Contudo, ainda existiam menções a grupos de "judaizantes" (isto é, cristãos que continuavam a observância da Lei Mosaica) nos escritos dos Padres da Igreja do século II (Bechtel, 1910). No fundo, a lenta separação entre judeus e cristãos deu-se pelo aumento do número de pagãos convertidos à Igreja e pelo crescente foco do judaísmo rabínico na observância da Lei como elemento central de sua prática religiosa.

O chamado *Concílio de Jerusalém* recebeu essa denominação posteriormente, porque a Igreja viu nele a inspiração para as reuniões posteriores que receberam o nome de *concílios*. Contudo, se observarmos, ele não foi "ecumênico" ou "geral", porque foi realizado para lidar com um problema localizado, que ocorreu na comunidade de Antioquia.

## 1.2 Os Concílios de Niceia I (325) e Constantinopla I (381)

Apesar das dificuldades de comunicação resultantes das recorrentes perseguições decretadas pelos imperadores romanos, a Igreja teve de lidar, durante seus três primeiros séculos de existência na clandestinidade, com vários problemas internos, como conflitos de jurisdição entre bispos ou heresias. No século II, durante o pontificado do Papa Vítor I (c. 189-199), ocorreram diversos sínodos locais para resolver divergências quanto à datação da celebração da Páscoa cristã. Já no século III surgiram sínodos e concílios regionais para que a Igreja tratasse de problemas que tinham maior abrangência ou estavam mais em evidência em determinada localidade. Temos como exemplos o Concílio de Cartago (no norte da África), de 251, para tratar do problema dos *lapsi* (isto é, os que haviam renegado à fé durante as perseguições do Império romano), e o Sínodo de Antioquia, celebrado entre os anos 268-269, que condenou as teses cristológicas do bispo da mesma cidade, Paulo de Samósata (Perrone, 1995a).

Embora um Edito do Imperador Galério (305-311) do ano de 311 já tivesse concedido a tolerância aos cristãos, foi sob o império de

Constantino I (306-337)[6] que os cristãos submetidos a Roma receberam a liberdade definitiva. Constantino aproximou-se do cristianismo após sua vitória sobre o Imperador rival Maxêncio na Batalha da Ponte Mílvia, às portas de Roma, no ano de 312. A partir dessa data, os escudos e estandartes das tropas constantinianas não traziam mais a águia (símbolo do deus Júpiter), mas o XP (*Chi-Ro*), as letras iniciais da palavra grega *Christos*. No ano de 313, o imperador, já com domínio sobre toda a parte ocidental do Império, assinou, com o imperador oriental Licínio, um edito de tolerância aos cristãos. Além de restituir os bens confiscados pelos imperadores anteriores aos cristãos, Constantino patrocinou o culto cristão, construindo basílicas para abrigarem as celebrações litúrgicas da Igreja em Roma e na Palestina.[7]

O Imperador Constantino via nos conflitos internos da Igreja ameaças à unidade do Império. Além do mais, considerava-se um instrumento especial de Deus para a difusão da fé cristã. Dessa forma, interferiu nas contendas eclesiásticas, enviando bispos para resolverem problemas locais e convocando concílios regionais. Como exemplo disso, vemos o caso do cisma dos donatistas[8]: o imperador convocou um concílio regional em Roma em outubro de 313 e outro em Arles

---

6 No século III, o Império Romano encontrava-se frequentemente dividido entre vários generais que se proclamavam imperadores. O imperador Diocleciano (284-305) oficializou uma divisão, organizada em 293, chamada *tetrarquia* (governo dos quatro), entre quatro imperadores. Esse esquema durou até 313. Após a morte de Constantino I, contudo, a partir de 337, em vários momentos o Império se encontrava dividido entre vários imperadores (geralmente os vários filhos do antecessor). A divisão definitiva em Império Romano do Ocidente e Império Romano do Oriente só ocorreu por volta de 390, sob o reinado de Teodósio I (378-395). Sobre o assunto, ver Frighetto (2012).

7 O modelo arquitetônico do edifício de culto cristão baseava-se na basílica por ser uma edificação mais espaçosa do que o modelo de templo pagão ou judeu (que era um santuário restrito aos sacerdotes e atendentes do culto). Nas basílicas civis, celebravam-se cerimônias judiciais. A basílica cristã substituiu a cadeira do juiz pela cátedra do bispo e o local da leitura das sentenças pelo púlpito/ambão de proclamação das Escrituras.

8 O donatismo foi uma heresia ligada a um cisma ocorrido nas Igrejas do norte da África. Iniciou com uma disputa pela sucessão à cátedra episcopal de Cartago. Seu nome advém de Donato, segundo pretendente cismático à Sé cartaginense, eleito pelos adeptos da divisão em 313. O donatismo adquiriu traços heréticos quando passou a negar a validade do batismo e das ordenações administradas por clérigos que haviam renegado a fé durante as perseguições, exigindo aos que acorriam a seu grupo novos batismos ou ordenações (Hastenteufel, 2001a).

(na província da Gália, atual França) em agosto de 314, nos quais foram condenados os donatistas. Em 316, promulgou leis severas contra os seguidores de Donato, que foram revogadas em 321 por um edito de tolerância (Hastenteufel, 2001a). Entretanto, esses concílios não foram ecumênicos, pois se considerava o donatismo um problema mais específico das igrejas do norte da África.

O problema do arianismo teve uma abrangência maior. Ário (ca. 260-337) era um presbítero de Alexandria (no Egito) que sustentava as seguintes teses: o Logos/Filho[9] teve início (não é Eterno), é inferior ao Pai, de substância distinta do Pai; o *Logos* seria "criatura" (*ktísma/ poíema*). Por volta de 320, o bispo Alexandre de Alexandria reuniu um sínodo que condenou as teses de Ário e o excomungou. Contudo, Ário recebeu apoio dos bispos da Palestina (especialmente Eusébio de Cesareia e Eusébio de Nicomédia). O bispo de Nicomédia convocou um sínodo que readmitiu o presbítero de Alexandria na comunhão eclesial. Alexandre reuniu um novo sínodo em resposta, reafirmando sua condenação de Ário e escrevendo uma carta comunicando outros bispados sobre o referido encontro sinodal (Perrone, 1995a; Bellitto, 2010).

---

9  O termo grego *Logos*, muitas vezes traduzido como "razão", "sentido", "palavra" etc. era de uso corrente na filosofia grega e helenística, tendo diversos significados. Segundo Abbagnano (2007, p. 630-631), *Logos* poderia significar "a substância ou causa do mundo", tal como aparece em Heráclito de Éfeso (ca. 535 a.C.-475 a.C.), ou como "o princípio ativo e lei cósmica que rege o mundo" para os estoicos (séculos III a.C.-II d.C.) ou para o neoplatônico Plotino (ca. 204-270 d.C.). Nesse sentido, o *Logos* identificava-se, de certa forma, com o Intelecto ou a Sabedoria Divina (Abbagnano, 2007; Nicolas, 2018). O padre escolápio Ignácio de Nicolas trata também da existência de um conceito judaico antigo relacionado à Palavra criadora de Yahweh, *menrá* (em aramaico) ou *dawar* (em hebraico), que certos exegetas judeus viam como uma espécie de intermediário entre Deus e o ser humano. Essa concepção foi assimilada pelo judeu Fílon de Alexandria (ca. 20 a.C.-50 d.C.) na sua concepção do termo grego *Logos*, que, entretanto, era entendido como algo impessoal (Nicolas, 2018). No prólogo de seu Evangelho, o apóstolo João utiliza o termo *Logos* para se referir a um ser Pessoal, incriado, unido a Deus e identificado com Deus, com atributos divinos. O *Logos*, então, seria a Palavra/Sabedoria/Intelecto de Deus, entendido em sentido pessoal e não como uma mera entidade ou força/princípio, como compreendido pelas correntes anteriormente enunciadas. A conclusão do prólogo identifica o *Logos* com a pessoa de Jesus de Nazaré. Os Padres da Igreja interpretavam o *Logos* como sendo o Filho de Deus, Jesus Cristo, embora, como veremos nas discussões dos primeiros concílios, muitos teólogos cristãos discordassem quanto aos atributos do Logos ou sua relação com Deus Pai (Nicolas, 2018; Parente; Piolante; Garofalo, 1955).

Constantino não demonstrou inicialmente interesse pelo que considerava uma simples disputa teológica, tendo enviado o bispo Ósio de Córdoba (conselheiro do imperador) a Alexandria, onde ocorria o problema. Entre 324 e 325, Ósio presidiu um sínodo em Antioquia com bispos da Palestina, Síria e Ásia Menor, ao fim do qual foram tomadas as seguintes medidas:

1. Reforçou-se a condenação ao presbítero Ário feita pelo bispo de Alexandria.
2. Excomungou-se provisoriamente os bispos Eusebio de Cesareia, Teódoto de Laodiceia e Narciso de Neroníades, por terem se recusado a assinar a condenação contra Ário;
3. Usou-se o verbo *gennan* ("gerar") para se referir ao Filho, a fim de se contrapor à ideia ariana de que o Filho fora criado pelo Pai.

Como podemos observar, o problema do arianismo não estava mais restrito somente a Alexandria, mas atingia também uma vasta área dos territórios romanos orientais. No mesmo ano que se iniciara o sínodo antioqueno presidido por Ósio de Córdoba, Constantino havia derrotado Licínio no Oriente, tornando-se o único imperador dos territórios romanos. A unificação do império sob sua pessoa permitiu que ele acompanhasse mais de perto os problemas internos da Igreja.

Constantino convocou um concílio para tratar das doutrinas de Ário, que deveria inicialmente ter se reunido em Ancira, na Galácia, mas foi realizado na cidade de Niceia, no palácio imperial que havia na localidade. A iniciativa do concílio foi de Constantino, mas Lorenzo Perrone (1995a) não descarta uma possível influência de Ósio de Córdoba na decisão do imperador. A região onde o concílio se reuniu era, contudo, de maior influência dos arianos. Nessa reunião eclesiástica, que foi custeada pelo imperador, havia cerca de 200 bispos (as fontes oscilam entre 194 e 318), dos quais a grande maioria vinha dos territórios orientais. As presenças ocidentais mais significativas eram as do bispo Ósio de Córdoba e dos presbíteros Vito e Vicente, que representavam o Papa Silvestre I (314-335). Dos participantes, cerca de 12 bispos eram arianos. Algumas fontes mencionam também a participação de presbíteros, diáconos e alguns leigos.

O Concílio de Niceia iniciou-se no dia 20 de maio de 325, presidido pelo imperador no Palácio. Eusébio de Cesareia descreve uma inauguração solene da assembleia conciliar, em uma sala do palácio: o imperador entrou no recinto, precedido pelos membros de seu séquito e tomou seu lugar após os bispos se sentarem. Foi saudado pelo bispo sentado à sua direita e fez um discurso exortando a paz dentro da Igreja. As fontes não detalham os pormenores de cada reunião conciliar, mas Perrone (1995a) nos dá uma data entre 29 de junho a 25 de julho como período de conclusão do primeiro concílio niceno. O encerramento se deu por meio de um banquete em comemoração dos 20 anos de reinado de Constantino. Nesse banquete, o imperador usou a expressão "bispo de fora" (*epíscopos ton éctos*) para se referir à sua missão dentro da Igreja, o que, segundo Veyne (2011), designava a ideia de alguém que, não estando na hierarquia eclesiástica, a vigiava e guardava "de fora".

Vejamos agora as determinações do I Concílio de Niceia. A primeira questão importante, como mencionado, versava sobre a doutrina da relação entre o Pai e o Filho. Eusébio de Cesareia, em seus relatos sobre o concílio, nos induz a crer que a solução da fórmula dogmática nicena tenha sido influenciada pela sua apresentação da fórmula batismal usada na igreja de Cesareia. Entretanto, Perrone (1995a) aponta que, além das divergências entre a fórmula batismal eusebiana e o credo niceno, devemos tomar cuidado com os escritos de Eusébio, que tendem a fazer uma apologia pessoal. O relato eusebiano também buscava minimizar a derrota no concílio do grupo semiariano (arianos moderados) ao qual o referido bispo pertencia. Também influiu na formulação final da profissão de fé nicena o Imperador Constantino (com provável influência de Ósio) e o diácono alexandrino Atanásio. Observemos a profissão de fé redigida pelo Concílio:

> Cremos em um só Deus, Pai todo-poderoso, Criador de todas as coisas visíveis e invisíveis: e em um só Senhor, Jesus Cristo, Filho de Deus, nascido do Pai como Unigênito, isto é, da substância do Pai, Deus de Deus, Luz da Luz, Deus verdadeiro[10], gerado e não feito, da mesma substância do Pai, segundo os gregos consubstancial ao Pai. Por Ele todas as coisas do céu e da terra foram feitas, o qual por nós homens e para a nossa salvação desceu, se encarnou, se fez homem, padeceu e ressuscitou no terceiro dia, subiu aos céus, para vir os vivos e os mortos. (Cremos) também no Espírito Santo. Aqueles, porém que dizem: "Ele era quando não era", ou: "antes de ser gerado não era", ou: "não se originou do que era", bem como os que dizem que o Filho de Deus é de outra hipóstase ou substância, ou que ele é criado ou mutável ou transformável – contra estes a Igreja Católica e Apostólica pronuncia o anátema. (Documentos... 1999, p. 17)

A profissão de fé nicena usa alguns termos gregos ausentes nas Escrituras para definir a relação entre o Logos e o Pai. A expressão "Deus verdadeiro de Deus verdadeiro" (*Thèon alethinònek Theoû alethinoû*) foi usada para referir que o Logos era Deus em um sentido próprio, evitando a ambiguidade dos arianos ao falarem da divindade do Filho. Por outro lado, a expressão "gerado, não criado" (*gennethénta ou poienthénta*) foi usada, retomando uma expressão de outros padres, para se contrapor às teses arianas que aparecem no anátema do texto, isto é, a ideia de que o Logos teria obtido um início no tempo, o que significava negar a Eternidade do Filho de Deus.

---

10 Denzinger (2007, p. 51) traduz esse trecho como "...Luz da Luz, Deus verdadeiro de Deus Verdadeiro, gerado e não feito...", enquanto a tradução de Otto Skrzypczak (Documentos..., 1999), que reproduzimos, omite a parte "de Deus verdadeiro".

O termo mais controvertido utilizado foi *homoousios* ("da mesma substância"). Havia dois motivos pelos quais muitos dos defensores da ortodoxia apresentassem ressalvas ao uso desse termo grego: era um conceito externo à Escritura e havia sido condenado no Sínodo Antioqueno de 268-269 por sugerir uma ideia materialista de Deus. Entretanto, a utilização dessa palavra visava evitar as ambiguidades que poderiam favorecer uma interpretação ariana do texto do símbolo niceno. A palavra *homoousios*, apesar dos problemas interpretativos já expostos, indicava a divindade do Filho ao dizer que Ele é da mesma natureza ou substância que o Pai (Perrone, 1995a). Se, por um lado, Niceia esclareceu a relação do Filho com o Pai, não explorou a relação entre a divindade e a humanidade no Filho (Bellitto, 2010), o que será objeto de discussões posteriores, como veremos.

A questão doutrinal sobre o Pai e o Filho não foi o único tema tratado pelo concílio niceno. Algumas questões disciplinares (isto é, de prática na vida eclesial) foram também abordadas na assembleia conciliar. Foram decretados 20 cânones (*canon* = regra, norma) que buscavam unificar alguns procedimentos dentro da Igreja. Vejamos um breve resumo desses 20 cânones[11] no quadro a seguir:

Quadro 1.1 – Cânones do Concílio de Niceia I

| Cân. 1 | Proibição de ingresso ou permanência no clero de eunucos que se castraram voluntariamente. |
|---|---|
| Cân. 2 | Proibição da ordenação de indivíduos recém-batizados. |
| Cân. 3 | Proibição de clérigos coabitarem com mulheres que não sejam da família. |
| Cân. 4 | Prescreve a necessidade de um mínimo de três bispos para a ordenação de um novo bispo, que deve ter sido aprovado anteriormente por todos os bispos da província eclesiástica à qual pertence. |

*(continua)*

---

11 Os cânones conciliares em geral trazem breves textos explicando ou delimitando suas aplicações. Dessa forma, para fins didáticos e para evitar que as citações ficassem demasiadamente longas, optamos por apresentar uma versão resumida e sistematizada dos referidos cânones.

*(Quadro 1.1 – conclusão)*

| | |
|---|---|
| Cân. 5 | Prescreve que um bispo não receba uma pessoa excomungada pelo bispo de outro bispado. Determina a reunião de sínodos semestrais em cada província eclesiástica para avaliar a validade das excomunhões preferidas nos bispados da província. |
| Cân. 6 | Reafirma as jurisdições dos bispos primazes e metropolitanos. |
| Cân. 7 | Confirma a honra especial à Sé de Jerusalém. |
| Cân. 8 | Dispõe sobre a readmissão à comunhão eclesial de membros da seita dos chamados *cátaros* (puros). |
| Cân. 9 | Reprova a promoção de alguém ao presbiterado sem avaliação e interrogatório prévios. |
| Cân. 10 | Dispõe sobre as pessoas que foram ordenadas ao clero e que haviam renegado a fé no tempo da perseguição. |
| Cân. 11 | Dispõe sobre a readmissão à Igreja de leigos que renegaram a fé nas perseguições. |
| Cân. 12 | Dispõe sobre as penitências aos renunciantes que haviam retornado à vida mundana. |
| Cân. 13 | Dispõe sobre a readmissão à comunhão eclesial e eucarística dos que estão próximos da morte. |
| Cân. 14 | Dispõe sobre a readmissão de catecúmenos que renegaram a fé durante as perseguições. |
| Cân. 15 | Proíbe os clérigos de migrarem continuamente de cidades, obrigando-os a permanecerem sob a autoridade de seu bispo. |
| Cân. 16 | Proíbe os clérigos de abandonarem a igreja (paróquia, bispado etc.) para a qual foram ordenados. |
| Cân. 17 | Condena a prática de usura por parte dos membros do clero. |
| Cân. 18 | Proíbe que os diáconos ministrem a comunhão eucarística aos presbíteros ou de sentarem-se junto aos presbíteros nas igrejas. |
| Cân. 19 | Dispõe sobre a readmissão à comunhão eclesial dos seguidores da heresia de Paulo de Samósata que houvessem abjurado das doutrinas paulianas. |
| Cân. 20 | Proíbe a oração de joelhos nos Domingos e no tempo de Pentecostes. |

Fonte: Elaborado com base em Documentos..., 1999.

Vemos nesses cânones uma preocupação com a preservação da autoridade da igreja local e de seu bispo e com uma uniformização das normas de readmissão de renegados, heréticos ou outros dissidentes. O Cânon 20 invoca a necessidade de uniformidade nas comunidades ao instituir a proibição da oração de joelhos, mas é a única norma de uniformização litúrgica prescrita pelo concílio niceno. Esses cânones podem refletir os grandes conflitos suscitados no norte da África desde o século III acerca dos procedimentos para readmissão dos fiéis que haviam renegado a fé na época de perseguições. De fato, lembremos que entre 312 e 325 o Ocidente havia passado por alguns concílios regionais que visavam tratar do problema do donatismo (que divergia da posição mais comum da Igreja acerca da readmissão dos *lapsi*). Os decretos do Concílio foram transformados em leis imperiais por Constantino (Perrone, 1995a).

Apesar de sua profissão de fé e de todas as normas elencadas, o Concílio de Niceia I não encerrou com o problema do arianismo nem mesmo respondeu a todos os problemas teológicos sobre a Trindade e a Cristologia. Após a morte de Constantino, em 337, alguns de seus filhos apoiaram arianos e semiarianos, e a Igreja dividiu-se entre nicenos (católicos), arianos e semiarianos. Os semiarianos mudaram a palavra nicena *homoousios* ("da mesma substância") para *homoiousios* ("de substância semelhante"). Assim, diziam que o Logos "é como Deus" e não que "é Deus". Houve ainda um grupo que passou a difundir a doutrina de que o Espírito Santo não é Deus (algo que não havia entrado na apreciação do Concílio de Niceia de forma muito clara). A defesa da divindade de Cristo por alguns nicenos também gerou novas heresias, como a do bispo Apolinário de Laodiceia (310-390), que negava que Jesus fosse plenamente humano. Essa heresia ficou conhecida com o nome de apolinarianismo (Bellitto, 2010).

Na história dos concílios, é preciso que analisemos também a recepção do concílio pela Igreja. Com efeito, os concílios considerados legítimos foram aqueles recebidos pela Igreja como expressão de sua Tradição e seu Magistério. Lorenzo Perrone (1995a, p. 46) explica o conceito de recepção de um concílio:

É evidente, por isso, que a época que segue a Niceia pode ser vista, em grandes linhas, como a história da recepção do concílio, processo mediante o qual as Igrejas, em meio a uma série de dificuldades e lutas, foram se apropriando das decisões de Niceia, não só no sentido negativo, associando-se à sua condenação ao arianismo, mas também em sentido positivo, repensando o conteúdo do seu símbolo de fé e reconhecendo-o como tradição, ou seja, como expressão dogmática vinculativa e, de certo modo, definitiva.

Ou seja, podemos dizer que a recepção de um concílio está ligada à adoção e ao desenvolvimento da teologia contida nas profissões de fé redigidas pelos padres conciliares e na aceitação das condenações feitas pelo concílio.

Apesar da influência do bispo niceno Ósio de Córdoba na corte imperial, os bispos Eusébio de Cesareia (semiariano) e Eusébio de Nicomédia (ariano) também eram próximos do Imperador Constantino I. Quando Constantino recebeu o batismo perto de sua morte, em 337, foi Eusébio de Nicomédia quem lhe ministrou o sacramento. Logo após o concílio, Ário e seus seguidores haviam sido banidos do Império por Constantino. Segundo Perrone (1995a), a política do primeiro imperador romano cristão consistia em defender acirradamente a paz eclesial: nesse sentido, qualquer ação ou pregação que fosse além da profissão de fé estabelecida por Niceia (quer no sentido ariano, quer em uma defesa nicena antiariana) era considerada danosa para a estabilidade da Igreja.

Em 327, reuniu-se um sínodo em Niceia, onde se decretou a reabilitação de Eusébio de Nicomédia e outros arianos, embora Ário permanecesse no exílio (Constantino reconhecera a profissão de fé do presbítero antioqueno como sendo ortodoxa, mas não a submeteu à apreciação do sínodo). A partir de 333, os partidários de Eusébio de Nicomédia passaram a fazer acusações contra Atanásio (que desde 328 ocupava a cátedra episcopal alexandrina) por sua ferrenha defesa da teologia nicena contra a teologia ariana e semiariana. Em 335, o "sínodo das encenias" reabilitou Ário na comunhão eclesial. Com a reabilitação dos líderes arianos e semiarianos, esses líderes conseguiram reverter a sua posição dentro da Igreja, estando à frente de várias sés importantes no ano de 337, quando faleceu Constantino I (Perrone, 1995a).

O império foi dividido entre os filhos de Constantino: no Ocidente, Constante I (337-350) apoiou os nicenos, ao passo que seu irmão Constâncio II (337-361) apoiou os semiarianos. Atanásio foi deposto e banido de sua sede episcopal várias vezes (Perrone, 1995a). A Igreja e o Império permaneceram divididos até a ascensão ao poder de Teodósio I (378-395). Teodósio I foi proclamado imperador dos territórios romanos orientais no ano de 378 e converteu-se ao cristianismo no ano de 379 após a cura de uma doença. Era alinhado com a fé católica nicena e também se sentia, como Constantino e seus filhos, um governante guardião da fé e da Igreja.

Se Constantino havia declarado a liberdade da Igreja em 312, Teodósio tomou uma medida ainda mais incisiva: em 380 promulgou o Edito de Tessalônica, que tornava a religião cristã (considerando sua versão católica, em conformidade com o credo niceno) a religião oficial do Império Romano (Frighetto, 2012).

Em 381, o Imperador Teodósio convocou um concílio na cidade de Constantinopla, capital oriental do Império Romano, para dirimir as disputas em torno à sé constantinopolitana, bem como às questões doutrinais que se seguiram ao concílio niceno, especialmente sobre a divindade do Espírito Santo. Embora haja poucos registros sobre esse concílio, Lorenzo Perrone (1995a) presume que ele tenha sido celebrado entre maio e junho. Contou com a presença de aproximadamente 140 bispos, todos orientais. Foi possivelmente realizado na basílica dos Santos Apóstolos ou alguma outra igreja de Constantinopla, sem participação direta do imperador, embora ele tenha feito anteriormente uma recepção solene aos participantes do concílio. A presidência coube primeiramente ao bispo Melécio de Antioquia, depois a São Gregório Nazianzeno e, por último, ao bispo Nectário de Constantinopla (Perrone, 1995a).

As fontes posteriores indicam a existência de uma profissão de fé, o símbolo constantinopolitano, que teria sido elaborado pelo concílio com base no símbolo niceno. Vejamos o símbolo constantinopolitano:

> Cremos em um só Deus, Pai onipotente, artífice do céu e da terra, de todas as coisas visíveis e invisíveis. E em um só senhor Jesus Cristo, filho unigênito de Deus, gerado pelo Pai antes de todos os séculos, Deus de Deus, luz da luz, Deus verdadeiro de Deus verdadeiro, gerado, não feito, consubstancial ao Pai; por meio do qual tudo veio a ser; o qual, em prol de nós, homens, e de nossa salvação, desceu dos céus, e se encarnou, do Espírito Santo e Maria, a Virgem, e se en-humanou; que também foi crucificado por nós, sob Pôncio Pilatos, e padeceu e foi sepultado e ressuscitou ao terceiro dia, segundo as Escrituras, e subiu aos céus e está sentado à direita do Pai; e virá novamente na glória para julgar os vivos e os mortos; cujo reino não terá fim. E no Espírito Santo, Senhor e vivificador, que procede do Pai, que junto com o Pai e o Filho é coadorado e conglorificado, que falou por meio dos profetas. Na Igreja una, santa, católica e apostólica. Confessamos um só batismo para a remissão dos pecados. Esperamos a ressurreição dos mortos e a vida do século vindouro. Amém. (Denzinger, 2007, p. 66-67)

Como vemos, o suposto símbolo constantinopolitano fez alguns acréscimos ao texto niceno. O acréscimo mais importante diz respeito ao Espírito Santo, para responder à heresia dos macedonianos, que negavam a divindade do Espírito. Entretanto, os padres conciliares evitaram usar o termo niceno *homoousios* para se referir ao Espírito Santo, em atenção aos macedonianos moderados, o que resultou em críticas por parte de Gregório Nazianzeno (Perrone, 1995a).

Assim como Niceia, Constantinopla I também promulgou alguns cânones, que podemos resumir conforme consta no Quadro 1.2.

Quadro 1.2 – Cânones do Concílio de Constantinopla I

| | |
|---|---|
| Cân. 1 | Reafirma os decretos e condenações do I Concílio de Niceia (325). |
| Cân. 2 | Dispõe sobre as jurisdições das dioceses. |
| Cân. 3 | Confere ao bispo de Constantinopla um primado de honra em segundo lugar após o bispo de Roma, invocando a dignidade da cidade enquanto Nova Roma, capital do Império. |
| Cân. 4 | Rejeita as ordenações efetuadas pelo bispo ilegítimo Máximo de Constantinopla. |
| Cân. 5 | Reconhece um escrito dos bispos ocidentais que afirma a divindade do Pai, do Filho e do Espírito Santo. |
| Cân. 6 | Trata dos procedimentos de acusação de um bispo. |
| Cân. 7 | Dispõe sobre a readmissão de hereges convertidos à comunhão eclesial. |

Fonte: Elaborado com base em Documentos..., 1999.

Quanto à recepção do I Concílio de Constantinopla, é preciso dizer que, apesar de ele ter se autodenominado *ecumênico*, não teve presença de clérigos ocidentais nem de legados do papa. Na introdução da obra *Documentos dos oito primeiros concílios ecumênicos*, Urbano Zilles (Documentos..., 1999) aponta que esse concílio só foi explicitamente reconhecido no Ocidente no século VI. Se o segundo concílio ecumênico esclareceu a questão da divindade do Filho e do Espírito Santo, não aprofundou questões cristológicas. A necessidade de uso de conceitos filosóficos para explicitar realidades da teologia produzirá concepções divergentes sobre a pessoa e a natureza de Jesus Cristo, temas que serão discutidos nos dois concílios ecumênicos subsequentes.

É necessário dizer também que os concílios niceno e constantinopolitano não erradicaram o arianismo. A heresia ariana foi adotada por alguns reinos bárbaros: dos vândalos (norte da África), dos ostrogodos (Itália) e o dos visigodos (Península Ibérica).

## 1.3 Os Concílios de Éfeso (431) e Calcedônia (451)

Por volta do ano 390, o Imperador Teodósio I dividiu o império com seus dois filhos: Honório I (395-423) ficou com os territórios ocidentais (tendo como capital Roma, embora também se usassem como cidades imperiais Milão e Ravena), enquanto Arcádio I (395-408) herdou os territórios orientais (tendo Constantinopla como capital). Assim, após a morte de Teodósio I em 395, o Império Romano ficaria definitivamente dividido entre Império Romano do Ocidente e Império Romano do Oriente.

No século V, havia duas grandes correntes cristológicas, ligadas às duas maiores escolas teológicas da Antiguidade cristã: Antioquia e Alexandria. A cristologia antioquena frisava a relação entre o Logos e o *anthropos* (homem), buscando sublinhar a autonomia humana de Jesus, o que poderia sugerir uma separação muito abrupta entre a realidade divina e a humana de Cristo. Já a cristologia alexandrina enfatizava a união entre o Logos e a carne (*sarx*)[12], o que, por vezes, confundia-se com uma ideia de fusão da divindade e humanidade em Jesus Cristo. Além do mais, havia também a disputa de poder entre as

---

12 Sobre os conceitos gregos e hebraicos usados para significar o corpo humano, podemos ver uma síntese explicada em um documento da Comissão Teológica Internacional: "Que a corporeidade seja essencial para a identidade da pessoa é um conceito fundamental, embora não explicitamente tematizado, no testemunho da Revelação cristã. A antropologia bíblica exclui o dualismo mente-corpo. O ser humano é considerado aí na sua integridade. Entre os termos hebraicos fundamenta s usados no AT para designar o ser humano, *nefesh* significa a vida de uma pessoa concreta que está viva (Gn 9,4; Lv 24,17-18; Pr 8,35). Mas o ser humano não tem um *nefesh*, ele é um *nefesh*. Já o termo *basar* se refere à carne dos animais e dos humanos, e às vezes ao corpo no seu conjunto (Lv 4,11; 26,29). Também neste caso, o homem não tem um *basar*, mas é *basar*. O termo neotestamentário *sarx* (carne) pode denotar a corporeidade material do ser humano (2Cor 12,7), mas também a pessoa no seu conjunto (Rm 8,6). Outro termo grego, *soma* (corpo), refere-se ao ser humano inteiro, pondo a ênfase na sua manifestação exterior. Também aqui o homem não **possui** um corpo, mas **é** seu corpo. A antropologia bíblica pressupõe claramente a unidade do ser humano e compreende que a corporeidade é essencial para a identidade pessoal" (Comissão Teológica Internacional, 2004, n. 28, grifo do original).

sés de Constantinopla e Alexandria pelo controle do Oriente cristão (Perrone, 1995a).

No ano de 428, o monge Nestório foi elevado à sé patriarcal de Constantinopla. Suas pregações buscavam realçar a distinção entre a divindade e a humanidade de Cristo, na linha difisista da escola antioquena. Sua terminologia igualava os conceitos de natureza (*physis*)[13] e pessoa (*hypostasis, prosopon*)[14], buscando contrapor a heresia apolinarianista que dizia ter o Logos assumido carne humana, mas não uma alma humana. Nesse sentido, Nestório falava de uma "conjunção" (*synápheia*) das duas naturezas em Cristo. A sua ênfase em distinguir as realidades humana e divina de Cristo acabou por fazê-lo rejeitar o termo *Theotokos* (Mãe de Deus) em relação à Virgem Maria, preferindo o título *Christotokos* (Mãe de Cristo), apesar de *Theotokos* já estar presente na piedade popular (Perrone, 1995a; Araujo, 2018).

O principal adversário de Nestório era o bispo São Cirilo de Alexandria, que criticou os escritos nestorianos quando eles haviam se difundido entre monges do Egito. Cirilo enfatizava o mistério da Encarnação do Logos, tendo por vezes utilizado a fórmula *mia physis toú theoú lógou sesarkouménou* ("uma natureza de Deus, Logos encarnado"). Em uma carta enviada a Nestório, em 430, Cirilo fala da união do Logos com a carne, admitindo poder atribuir ao Logos as propriedades da humanidade. Em resposta, Nestório reconhece a distinção de naturezas unidas em uma só *prosopon* ("pessoa"), mas rejeita a ideia de

---

13 Segundo Abbagnano (2007, p. 698-701), o termo grego *physis*, traduzido como "natureza", poderia designar: 1) a matéria de alguma coisa (filósofos pré-socráticos, séculos VI-IV a.C.); 2) substância ou essência de algo (Aristóteles, século IV a.C.); 3) aquilo que é necessário para que uma coisa seja como tal (estoicos, séculos III a.C.-II d.C.). Nas discussões cristológicas, *physis* era utilizado especialmente no terceiro sentido elencado, como aquilo que define uma coisa ou ser de forma essencial. Ou seja, discutir se Cristo tinha uma natureza humana ou uma natureza divina implicava reconhecer ou negar sua humanidade ou sua divindade.

14 Embora os filósofos estoicos tivessem estabelecido uma diferenciação entre *prosopon* (personalidade, aspectos externos) e *hypostasis* (pessoa, dimensão interior, íntima), os conceitos ainda eram confuscs no período dos primeiros concílios, de forma que *hypostasis* era muitas vezes utilizada em sentido similar à *physis*, significando a essência de um ser, e não a sua dimensão individual e relacional. Disso resulta os grandes embates teológicos sobre a pessoa de Cristo na época dos primeiros concílios (Abbagnano, 2007; Leite, 2016).

atribuir ao Logos propriedades humanas, mantendo-se fiel à sua forte distinção das naturezas humana e divina (Perrone, 1995a)[15].

Em agosto de 430, o Papa Celestino I (422-432) havia condenado Nestório em um sínodo em Roma, delegando a execução da condenação ao bispo de Alexandria. Em novembro do mesmo ano, Cirilo reuniu um sínodo em Alexandria no qual condenou as teses de Nestório e lhe enviou uma carta exigindo retratação. Antes da chegada da carta, contudo, o Imperador Teodósio II (408-450) havia convocado um concílio ecumênico a pedido do Patriarca Nestório. O local de reunião seria Éfeso, na Ásia Menor.

O concílio deveria iniciar em 7 de junho de 431, mas os bispos orientais demoraram mais para chegar. Então, em 22 de junho, Cirilo, junto com 40 bispos do Egito, iniciou a primeira sessão conciliar, sem a presença de parte dos bispos. O local da reunião foi a basílica de Éfeso dedicada à Virgem Maria. Para indicar a legitimidade de sua assembleia, que não contava ainda com a presença de representantes imperiais nem com os legados do papa, Cirilo mandou colocar no centro da mesa sinodal, próximo ao assento do representante imperial, o livro dos Evangelhos. A assembleia "ciriliana" votou a condenação de Nestório e reconheceu como ortodoxa a cristologia expressa nos escritos de Cirilo. Em uma das sessões também foi lido um poema com louvores à Virgem sob o título de *Theotokos* (Perrone, 1995a).

Por volta de 26 de junho, os bispos orientais reuniram-se em um concílio separado, com alguns bispos que haviam discordado das decisões de Cirilo, formando uma assembleia de aproximadamente 50 bispos sob a presidência de João de Antioquia. O concílio "joanino" depôs de suas cátedras os bispos Cirilo de Alexandria e Memmão de Éfeso. No dia 29 de junho, o Imperador Teodósio II ordenou um recomeço

---

15 Frequentemente vemos o nestorianismo definido como a heresia que sustentava haver em Cristo "duas pessoas: uma divina e outra humana". No entanto, seria mais preciso dizer que Nestório separava o Logos da humanidade de Cristo, distinguindo de tal forma as naturezas que induziam a um entendimento de duas pessoas distintas em Cristo.

do concílio, com a presença de todos os bispos convocados em uma mesma assembleia. Os legados do Papa Celestino I, que haviam chegado nos primeiros dias de julho, reconheceram como legítima, no dia 11 de julho, a condenação de Nestório pela assembleia ciriliana, em sua terceira sessão.

Entre os dias 16 e 17 de julho ocorreram a quarta e a quinta sessões da assembleia ciriliana. Na quarta sessão, João de Antioquia foi convocado para se explicar, o que não sucedeu. Diante do não comparecimento do bispo antioqueno, o concílio votou por sua deposição da cátedra de Antioquia e pela de outros 30 bispos que haviam integrado o concílio "joanino". Na sexta sessão (22 de julho), o concílio ciriliano condenou a cristologia contida em um texto de uma profissão de fé usada para a readmissão de heréticos na igreja de Filadélfia, na Ásia Menor. Por fim, a sessão de 31 de julho votou alguns cânones disciplinares (Perrone, 1995a).

O Imperador Teodósio II, tentando resolver o problema dos dois concílios concorrentes, enviou uma carta no início de agosto reconhecendo o concílio (como se houvesse ocorrido uma única assembleia), depondo igualmente Nestório de Constantinopla, Memmão de Éfeso e Cirilo de Alexandria, que receberam também a pena de prisão domiciliar. Ante a dificuldade de conciliar os grupos rivais, o imperador convocou oito representantes de cada lado na cidade de Calcedônia (Ásia Menor), sem, contudo, obter sucesso. Com o tempo, os partidários de Cirilo conseguiram se impor na corte, e ele recuperou sua sede episcopal, tendo o imperador permitido também aos outros bispos depostos retomarem suas cátedras.

O cisma dos orientais (liderados por João de Antioquia) terminou em abril de 433, quando o bispo antioqueno redigiu uma profissão de fé cristológica ao bispo alexandrino, reconhecendo a condenação de Nestório. Quanto a este último, fora-lhe permitido inicialmente permanecer em um mosteiro próximo de Antioquia, mas terminou sendo banido para Tebaida, no Egito, onde permaneceu até a sua morte, em 451 (Perrone, 1995a). Cumpre dizer, entretanto, que algumas igrejas que não aceitaram a decisão dominante do concílio de Éfeso em sua linha ciriliana acabaram por formar uma igreja separada, que se expandiu no Oriente em terras fora do Império Romano[16].

Vejamos agora os documentos do Concílio de Éfeso. Para isso, é necessário entender que a Igreja recebeu como legítima a profissão de fé e os cânones aprovados na assembleia presidida por Cirilo, a qual contou com a presença dos legados papais. Os documentos são a profissão de fé de Cirilo, a condenação de Nestório e os cânones. Vejamos primeiro a profissão de fé de Cirilo:

> Assim, pois, professamos a nossa fé num único Cristo Senhor, não como que coadorando um homem junto com o Verbo, pois dizendo-se "com", se poderia insinuar algo como divisão. Adoramos, sim, a um e o mesmo, pois não é de outro o corpo do Verbo, com o qual ele também está sentado junto do Pai; não como se dois Filhos lá estivessem sentados, pois é um só Filho, que pela união está com sua própria carne. Se queremos afastar a ideia de tal união segundo a hipóstase, como sendo esta impensável; pois nesse caso teremos que fazer uma separação e falar separadamente do homem, que recebeu a honra de ser chamado de Filho, e doutra parte falar do Verbo, que por sua natureza possui a filiação não só por denominação, mas na realidade. Eis porque não devemos dividir o único Senhor Jesus Cristo em dois Filhos. Chegar a esse ponto não favoreceria em nada a fé ortodoxa, mesmo se alguns falam duma certa união das pessoas.

---

16  A única remanescente dessa Igreja atualmente é a Igreja Assíria do Oriente, presente principalmente no Iraque e Irã. No período medieval, encontravam-se disseminados até regiões da China e Mongólia. Um grupo de cristãos assírios entrou em comunhão com a Igreja Católica no século XVI, formando a Igreja Caldeia do Oriente. A ascensão do grupo terrorista *Islamic State of Iraq and Syria* (ISIS – Estado Islâmico do Iraque e Síria) em terras iraquianas e sírias a partir da década de 2010 provocou uma diminuição e um êxodo de grandes grupos da população de cristãos assírios e caldeus, além de destruição de considerável parte de seu patrimônio artístico e cultural.

De fato, a Escritura não diz que o Verbo uniu a si a pessoa dum homem, mas que ele se fez carne. Ora, dizer que o Verbo se fez carne equivale a dizer que ele tem de comum conosco a carne e o sangue. Ele fez seu nosso corpo e como homem sai duma mulher. Com isto não se desfez a sua condição divina, nem deixou ele de ser gerado por Deus Pai, mas mesmo assumindo a carne, continuou sendo o que era.

É isto que por toda a parte sustenta a palavra da fé verdadeira. Podemos constatar, que assim pensaram os Santos Padres. Assim eles tiveram a coragem de chamar a Santa Virgem de Mãe de Deus, não no sentido de que a natureza do Verbo ou de sua divindade tenha recebido da Santa Virgem a sua origem, mas sim, que dela nasceu o santo corpo, animado por alma racional, ao qual o Verbo está unido segundo a hipóstase. Por isso se diz que o Verbo foi gerado segundo a carne. (Documentos..., 1999, p. 43-44)

O Concílio de Éfeso promulgou oito cânones, conforme sintetizados no quadro a seguir.:

Quadro 1.3 – Cânones do Concílio de Éfeso

| Cân. 1, 2 e 4 | Depõe das funções clericais os clérigos partidários de Nestório e sua doutrina. |
|---|---|
| Cân. 3 | Restitui as funções dos clérigos depostos por Nestório. |
| Cân. 5 | Declara inválidas as reabilitações de clérigos feitas por Nestório. |
| Cân. 6 | Excomunga os que tentarem invalidar as decisões do concílio efesino. |
| Cân. 7 | Concena as tentativas de alterar o credo niceno. |
| Cân. 8 | Dispõe sobre problemas de jurisdição nos bispados da ilha de Chipre. |

Fonte: Elaborado com base em Documentos..., 1999.

Na década de 440, com a morte dos dois grandes líderes do concílio efesino, João de Antioquia e Cirilo de Alexandria, o nome em evidência era o arquimandrita[17] Eutiques de Constantinopla. Eutiques, para combater a doutrina nestoriana, acabou por exagerar a doutrina de Cirilo, sustentando que em Cristo após a encarnação haveria uma só natureza, a divina. Essa doutrina ficou conhecida como *monofisismo* (Araujo, 2018). Em 8 de novembro de 448, as doutrinas de Eutiques foram condenadas em um sínodo em Constantinopla, presidido por seu patriarca, Flaviano.

No sínodo constantinopolitano, os padres partiram dos escritos cirilianos do concílio Efesino para afirmar as duas naturezas de Cristo, humana e divina. No final do sínodo, Eutiques reconheceu parcialmente as duas naturezas, afirmando que se uniam em uma só natureza após a Encarnação, o que lhe acarretou a condenação sinodal. Essa condenação, contudo, foi contestada pelo representante do imperador, por considerar que a doutrina exposta pelos padres sinodais ia além do que havia sido determinado por Niceia e Éfeso (Perrone, 1995a).

Em 13 de junho de 449, o Papa Leão I Magno (440-461) enviou uma carta ao Patriarca Flaviano de Constantinopla, na qual expressava a cristologia de duas naturezas (uma divina e uma humana) distintas, mas unidas harmoniosamente na única Pessoa do Logos: Jesus Cristo. Esse documento ficou conhecido como *Tomum ad Flavianum*. Por outro lado, Eutiques conseguiu com o Imperador Teodósio II que sua condenação fosse revista. O imperador convocou um novo concílio em Éfeso (Perrone, 1995a).

O concílio convocado pelo imperador em Éfeso rejeitou a leitura do *Tomum* pelos legados papais e pronunciou-se de forma favorável a Eutiques, sob a presidência do bispo Dióscoro de Alexandria. Como os desentendimentos geraram tumultos, as tropas imperiais invadiram a basílica onde se reunira a assembleia, colocando todos os presentes para fora da igreja. O Papa Leão I, negando a legitimidade desse

---

17 *Arquimandritas* é como são chamados os chefes ou superiores de mosteiros no Oriente.

concílio, chamou-o de "Latrocínio de Éfeso", comparando-o a um roubo (Perrone, 1995a; Bellitto, 2010).

Leão solicitou a Teodósio II um concílio na Itália, mas sem aceitação do imperador. Em 450, com a morte de Teodósio subiu ao trono o general Marciano (450-457), favorável à posição romana sobre as duas naturezas. Em 23 de maio de 451, Marciano convocou um concílio, inicialmente marcado para a cidade de Niceia, mas mudado para Calcedônia em 22 de setembro, por conta das campanhas militares do imperador (Calcedônia era mais próxima de Constantinopla, capital imperial, permitindo que Marciano pudesse eventualmente acompanhar as sessões conciliares). A participação foi, como nos concílios anteriores, majoritariamente oriental, tendo do lado ocidental apenas os quatro legados papais, bem como dois bispos do norte da África. Em sua análise crítica das cifras mencionadas nas fontes, Perrone (1995a) aponta para um número provável de 350 participantes no Concílio de Calcedônia.

A assembleia conciliar de Calcedônia, iniciada em 8 de outubro de 451[18], sediada na Basílica de Santa Eufêmia, foi dotada de uma fisionomia levemente distinta dos concílios anteriores. Sentados no centro da nave basilical, em frente às cancelas,[19] encontravam-se os 19 funcionários imperiais encarregados de presidirem as sessões conciliares. Os bispos sentaram-se à direita e à esquerda dos legados imperiais, de acordo com o grupo ao qual estavam alinhados. O estilo de procedimento jurídico dado pelos representantes imperiais ao Concílio de Calcedônia contribuiu para que suas determinações ficassem mais

---

18  Perrone (1995a) escreve que o concílio se iniciou no dia 18, mas penso ser um erro de digitação ou edição, dado que as sessões seguintes se realizaram a partir do dia 10 de outubro como o mesmo autor afirma adiante nas páginas 96 e 97, ao tratar das outras sessões conciliares.

19  As antigas basílicas cristãs possuíam seu presbitério na abside (extremidade da parede em forma de semicírculo) oposta às portas principais. Nesse presbitério, encontrava-se no centro o altar e na parede absidal, a cátedra do bispo. O presbitério ou santuário era separado do restante da nave (centro e laterais do edifício) por cancelas, uma espécie de grade.

bem registradas que as dos precedentes, pois foram redigidas atas, à maneira dos tribunais civis (Perrone, 1995a).

A primeira sessão versou sobre as questões pessoais envolvendo os diferentes partidos[20] que dividiam o episcopado, além de rever os problemas do "Latrocínio de Éfeso". Após a exposição das ditas questões, os legados imperiais pronunciaram os desejos do imperador de que o concílio se pronunciasse de forma oficial e por escrito sobre a questão dogmática das naturezas de Cristo, seguindo a linha doutrinária já definida nos concílios de Niceia, Constantinopla e Éfeso – isto é, em conformidade com o expresso nas profissões de fé nicena-constantinopolitana, bem como nos escritos de Cirilo de Alexandria e na carta de reconciliação de João de Antioquia com Cirilo.

A segunda sessão conciliar, em 10 de outubro, reuniu-se sem a presença dos bispos que haviam participado do "Latrocínio de Éfeso" de 449 e os legados imperiais impuseram como pauta do dia a discussão doutrinária, embora os bispos resistissem em formular uma nova profissão de fé (temendo contrariarem a norma nicena-constantinopolitana). Foi lido então o *Tomum ad Flavianum* do Papa Leão, acolhida de forma entusiástica por parte da assembleia e com resistência por parte dos bispos da Ilíria e Palestina.

Em 13 de outubro foi celebrada a terceira sessão, presidida pelos legados papais com ausência dos representantes do imperador, que votou a deposição do bispo Dióscoro de Alexandria, contando mesmo com a adesão de seus partidários, dado que o dito *Dióscoro* não havia comparecido para se explicar como previa o protocolo canônico. A quarta sessão (17 de outubro) foi novamente presidida pelos representantes imperiais. Nela, foi aprovada por unanimidade a ortodoxia

---

20 A palavra *partido* aqui não designa uma instituição delimitada como os modernos partidos políticos, mas simplesmente um grupo de pessoas com interesses em comum, no sentido de ser "partidário" de alguma posição ou de alguma pessoa.

do *Tomus* de Leão e se declarou a readmissão dos bispos que haviam sido excluídos provisoriamente da assembleia conciliar.

Em uma sessão do dia 22 de outubro foi novamente discutida, sem solução, a questão das duas naturezas, ao que os legados imperiais decidem reunir uma comissão de representantes de ambas as partes para resolver o problema. Na sessão de 25 de outubro foi lido na presença do Imperador Marciano e da Imperatriz Pulquéria o texto resultante da concórdia da comissão. Também foram promulgados três cânones sobre disciplina monástica. As sessões seguintes, que duraram até o início de novembro, trataram de emitir cânones relativos aos problemas disciplinares e jurisdicionais (Perrone, 1995a).

Vejamos agora os documentos do Concílio de Calcedônia, sua profissão de fé e um resumo dos seus cânones. A profissão de fé visava harmonizar a unidade da Pessoa de Cristo com a distinção das duas naturezas:

> Em seguimento, pois, dos Santos Padres, todos nós, com voz uníssona, ensinamos a fé num só e mesmo Filho, Nosso Senhor Jesus Cristo, sendo o mesmo perfeito na divindade e o mesmo perfeito na humanidade, com alma racional e com corpo, consubstancial ao Pai quanto à divindade e quanto à humanidade substancial a nós, em tudo semelhante a nós menos no pecado; o mesmo que desde a eternidade é procedente do Pai por geração quanto à divindade e o mesmo que quanto à humanidade nos últimos tempos foi gerado pela Virgem Maria, Mãe de Deus, por nós e nossa salvação; sendo um só e mesmo Cristo, Filho, Senhor, Unigênito, que nós reconhecemos como existente em duas naturezas, sem confusão, sem mudança, sem divisão e sem separação, sendo que a diversidade das naturezas nunca foi eliminada pela união. Ao contrário, a propriedade de cada uma das naturezas ficou intacta e ambas se encontram em uma só pessoa e uma só hipóstase. O Filho não foi dividido ou separado em duas pessoas, mas é um só e o mesmo Filho Unigêntio, Deus, Verbo, Senhor Jesus Cristo, como desde o início a respeito dele falaram os profetas e o próprio Jesus Cristo

nos ensinou e como nos foi transmitido pelo Símbolo dos Padres. (Documentos..., 1999, p. 56-57)

O texto da profissão de fé, que pode parecer repetitivo em um primeiro momento, busca harmonizar de forma pormenorizada os aspectos da unidade de Pessoa e distinção de naturezas no Logos. Esse texto é resultado da comissão de representantes convocados ao concílio pelo imperador para tentar resolver as discordâncias teológicas dos membros da assembleia conciliar.

Com relação às normas emanadas do concílio, foram promulgados 30 cânones, que resumimos no quadro a seguir.

Quadro 1.4 – Cânones do Concílio de Calcedônia

| | |
|---|---|
| Cân. 1 | Reafirma os cânones dos concílios precedentes. |
| Cân. 2 | Declara ilícitas as ordenações clericais feitas em troca de dinheiro. |
| Cân. 3 | Declara ilícito o envolvimento dos clérigos e monges em negócios seculares e administração de bens alheios. |
| Cân. 4 | Proíbe a ereção de igrejas e mosteiros sem o consentimento do bispo e proíbe os monges de imiscuírem-se em assuntos mundanos/seculares. |
| Cân. 5 | Reafirma as regras antigas sobre a transferência de clérigos de uma cidade a outra. |
| Cân. 6 | Proíbe a ordenação de clérigos sem estarem vinculados a uma determinada igreja territorial. |
| Cân. 7 | Proíbe que clérigos e monges exerçam funções militares ou seculares. |
| Cân. 8 | Ordena a submissão das obras de caridade e assistência à autoridade do bispo local. |
| Cân. 9 | Dispõe sobre a apelação de membros do clero aos tribunais civis. |
| Cân. 10 | Proíbe que um clérigo esteja vinculado em duas cidades ao mesmo tempo. |
| Cân. 11 | Dispõe sobre o tipo de documentação de apresentação eclesiástica que devem portar pessoas necessitadas durante viagem. |

(continua)

*(Quadro 1.4 – conclusão)*

| | |
|---|---|
| Cân. 12 | Condena as divisões de províncias eclesiásticas e concessões de título metropolitano feitas pela autoridade imperial. |
| Cân. 13 | Proíbe que clérigos exerçam funções fora de sua cidade se não estiverem portando documento de apresentação emitido por seu bispo. |
| Cân. 14 | Proíbe o casamento de ministros eclesiásticos com hereges e dispõe sobre a recepção dos filhos dessas uniões na Igreja. |
| Cân. 15 | Dispõe sobre as funções das diaconisas. |
| Cân. 16 | Proíbe o casamento de virgens consagradas e monges e concede ao bispo local a autoridade para lidar com esses casos. |
| Cân. 17 | Dispõe sobre a jurisdição das paróquias rurais. |
| Cân. 18 | Prescreve a deposição de monges e clérigos envolvidos em conspirações. |
| Cân. 19 | Dispõe sobre a celebração de dois sínodos por ano em cada região. |
| Cân. 20 | Reafirma a obrigação de um clérigo permanecer vinculado a sua cidade e seu bispo. |
| Cân. 21 | Dispõe sobre como proceder com acusações feitas por leigos aos bispos. |
| Cân. 22 | Proíbe aos clérigos apropriarem-se dos bens de seu bispo após a morte dele. |
| Cân. 23 | Determina a expulsão dos clérigos e monges que estavam causando distúrbios em Constantinopla. |
| Cân. 24 | Proíbe aos mosteiros funcionarem como hospedarias profanas, resguardando sua função religiosa. |
| Cân. 25 | Decide que, nas sés vacantes, o bispo seja ordenado em até três meses após a morte ou o afastamento do bispo anterior. |
| Cân. 26 | Dispõe sobre a administração dos bens eclesiásticos. |
| Cân. 27 | Excomunga os leigos raptores de mulheres e depõe os clérigos com a mesma conduta. |
| Cân. 28 | Concede à Sé de Constantinopla os mesmos privilégios da sé romana, ficando a sé constantinopolitana em segundo lugar em dignidade após Roma[1]. |
| Cân. 29 | Dispõe sobre a integração de um bispo deposto ao estado presbiteral. |
| Cân. 30 | Permite aos egípcios que aguardem primeiramente a eleição do bispo de Alexandria para assinarem o *Tomus* de Leão I. |

Fonte: Elaborado com base em Documentos..., 1999.

O Imperador Marciano confirmou as decisões do Concílio de Calcedônia em uma lei, em 7 de fevereiro de 452, mas o papa reconheceu formalmente a assembleia conciliar em 21 de março de 453, sem dar validade ao Cânon 28. Por outro lado, parte das igrejas orientais recusou o Concílio, por considerar a profissão de fé conciliar muito próximo da doutrina nestoriana. Isso ocorreu principalmente nas regiões do Império Romano oriental ou próximo de suas fronteiras onde a população majoritariamente não era de cultura e língua gregas, como o Egito e a Síria (dentro do império) e a Armênia e a Etiópia (fora do império, seus monarcas haviam aderido à fé cristã durante o século IV)[21].

Para diminuir o conflito com algumas igrejas orientais, alguns imperadores romanos orientais sucessores de Marciano buscaram neutralizar as decisões do Concílio de Calcedônia, sendo que suas decisões serão retomadas com força posteriormente sob o império de Justiniano I (527-565) (Perrone, 1995a). Quanto ao Império Romano, ele ficou reduzido à sua parte oriental quando Roma caiu diante dos bárbaros chefiados por Odoacro em 476[22]. Aos poucos, Constantinopla foi reconhecendo o novo *status quo*, conferindo títulos honoríficos romanos a alguns reis bárbaros do Ocidente, como Clóvis I (481-511), dos francos, e Teodorico I (474-526), dos ostrogodos.

---

21  Até os dias de hoje, as Igrejas chamadas *não calcedonianas* ou *pré-calcedonianas* ou *miafisistas* reúnem cinco grandes Igrejas autocéfalas: a Igreja Ortodoxa Copta (Egito), a Igreja Siríaca-Ortodoxa (Síria e Líbano), a Igreja Ortodoxa Etíope (Etiópia e Eritreia), a Igreja Apostólica Armênia (Armênia) e a Igreja Ortodoxa Siro-malankar. Durante os séculos VI e XII, existiu também um reino cristão na Núbia (atual Sudão), cuja Igreja seguia também a linha miafisista. Ao longo dos séc ulos XVIII e XX, alguns grupos dessas igrejas entraram em comunhão com a Igreja Católica, mantendo seus ritos e estruturas jurídicas peculiares. No Brasil há algumas comunidades siríacas, além de uma igreja armênia e outra copta na cidade de São Paulo. Essas Igrejas, apesar de muitas vezes usarem *ortodoxa* em sua nomenclatura, não devem ser confundidas com as Igrejas Ortodoxas de tradição grega/bizantina e eslava (separadas de Roma no século XI), que aceitam a cristologia definida no Concílio de Calcedônia. Para entender a cristologia dos miafisistas, remetemos ao já mencionado artigo de Araujo (2018) e ao estudo de Shenouda III (1999).

22  Desde finais do século IV, muitos chefes bárbaros já ocupavam cargos importantes no exército e na administração romana ocidental. A transformação dos territórios em reinos apenas refletia uma realidade que já existia na prática.

Os quatro primeiros concílios ecumênicos, que em sua doutrina foram equiparados pelo Papa Gregório I Magno (590-604) aos quatro evangelhos, foram sendo recebidos aos poucos pela Igreja, na medida em que suas fórmulas doutrinárias eram incorporadas nas orações litúrgicas, nas reflexões teológicas e nas definições de concílios seguintes. O fato de suas reuniões terem se dado especialmente no Oriente pode ser explicado pelos seguintes fatores:

1. importância das escolas teológicas orientais de Alexandria e Antioquia;
2. maior instabilidade dos territórios ocidentais, assediados pelos bárbaros;
3. maior estabilidade dos territórios orientais;
4. melhor posição estratégica da Ásia Menor em segurança militar e mobilidade.

Para entendermos a fragilidade do Ocidente nessa época basta lembrarmos que um ano após o Concílio de Calcedônia, o Papa Leão I teve de ocupar-se com uma negociação com o rei dos hunos Átila (434-453), para evitar a invasão da cidade de Roma. No ano de 455, o mesmo papa não conseguiu impedir que os vândalos invadissem a capital, apesar de ter conseguido negociar alguns paliativos quanto ao saque.

## 1.4 Os Concílios de Constantinopla II (553) e Constantinopla III (681)

Justiniano I (527-565) subiu ao trono do Império Romano do Oriente (Império Bizantino) em 527. O novo imperador desejava restaurar a grandeza do antigo Império Romano. Em 532, após ter sufocado uma revolta iniciada no hipódromo de Constantinopla, Justiniano ordenou a construção de uma nova Basílica de Santa Sofia para sediar o patriarcado constantinopolitano. Essa construção apresentava dimensões muito maiores que as das basílicas anteriores, além de várias inovações arquitetônicas. No campo militar, Justiniano conquistou os reinos dos vândalos, no norte da África; dos ostrogodos, na Itália; e parte do visigodo da *Hispania*. Além da expansão territorial, o imperador conseguiu assegurar a paz nas fronteiras orientais por meio de um tratado com os persas sassânidas. Outra grande realização do reinado de Justiniano foi também o *Corpus Iuris Civilis*, compilação atualizada das grandes fontes do Direito Romano (Frighetto, 2012).

O contexto em que se deu a celebração do II Concílio Constantinopolitano foi o auge do reinado de Justiniano, quando seu império se estendia por grande parte dos antigos territórios romanos ocidentais. A política de Justiniano visava reestruturar a unidade da Igreja dentro do Império, com a condenação firme dos remanescentes nestorianos (ainda fortes na Síria e Palestina) e monofistas/miafisistas[23] (numerosos no Egito e Síria). Em 533, o imperador havia tentado reunir os miafisistas no seio da Igreja, o que, segundo Panayotis A. Yannopoulos (1995), não se concretizou devido à forte influência que os miafisistas exerciam na corte da Imperatriz Teodora, à influência dos monges origenistas[24] sobre Justiniano e às tensões entre a Igreja de Constantinopla e o papado (ainda fora da influência bizantina, estando nos territórios ostrogodos).

Em 542 um sínodo em Antioquia havia condenado o origenismo, ao passo que o imperador reforçou a condenação por meio de um edito no ano seguinte. Nesse mesmo ano, os exércitos de Justiniano sob o comando do general Belisário haviam tomado Roma das mãos dos ostrogodos.

Por volta dessa época havia também dentro do Império Bizantino uma controvérsia acerca dos escritos dos bispos Teodoro de Mopsuéstia (350-428), Teodoreto de Cyr (393-457) e Ibas de Edessa (?-457), que haviam sido reabilitados pelo Concílio de Calcedônia. Os escritos desses bispos, que ficaram conhecidos como "os três capítulos", eram acusados de conterem uma teologia nestoriana (Bellitto,

---

[23] Chamamos de *monofistas* aqueles que sustentavam que Cristo possuiria apenas uma natureza divina, assumindo uma carne/corpo humano. Os miafisistas seguiam uma interpretação mais literal da teologia de Cirilo de Alexandria, que, usando como sinônimos os conceitos de *physis* e *hypostasis*, entendia que, após a Encarnação, dever-se-ia falar em uma única natureza, a "natureza do *Logos* encarnado" (Araujo, 2018, p. 9-10). Nesse sentido, não podemos nos referir aos miafisistas como se fossem monofistas, posto que eles não negam a divindade nem a humanidade de Cristo. A maioria dos cristãos, que frequentemente são referidos por historiadores e outros autores como "monofisistas", eram, na verdade, "miafisistas". O diálogo ecumênico da Igreja Católica com as Igrejas não calcedonianas tem ajudado a esclarecer essas confusões e equívocos.

[24] Orígenes de Alexandria (185-254) foi um presbítero cristão que se dedicou ao estudo da teologia e filosofia, sendo um dos grandes expoentes da chamada *Escola de Alexandria*. Orígenes formulou algumas hipóteses teológicas que não foram aceitas pelo ensino oficial da Igreja. Além disso, Orígenes interpretou de forma literal Mt 19,12, mutilando voluntariamente seus órgãos genitais. Conforme você deve recordar, ao falarmos do Concílio de Niceia, mencionamos cânones que reprovavam a prática da castração voluntária. Apesar disso, a pessoa de Orígenes nunca foi condenada oficialmente pela Igreja, tendo esta expressado ressalva apenas sobre algumas teses dele. Entre os séculos IV e VI, alguns monges da Palestina, Síria e Egito seguiam rigidamente a doutrina e o modo de vida de Orígenes, tendo por isso sido chamados de *origenistas* (Bettencourt, 2003).

2010). Justiniano havia publicado em 545 um edito condenando os três capítulos, conseguindo para esse documento o respaldo dos patriarcas de Constantinopla, Alexandria e Jerusalém. Ante a recusa do Papa Vigílio (537-555) em assinar a condenação dos três capítulos, o imperador ordenou que fosse trazido para Constantinopla por seu exército. O papa chegou a Constantinopla em 25 de janeiro de 547. Se, por um lado, os bispos do Oriente julgavam necessária a condenação dos três capítulos por causa das tendências nestorianas de seus escritos, a Igreja Romana julgava que condená-los equivaleria a negar a autoridade do Concílio de Calcedônia, que havia reabilitado os autores dos ditos escritos. Após várias pressões, Vigílio acabou assinando uma condenação aos três capítulos em 11 de abril de 548, o que lhe rendeu a oposição de parte das Igrejas ocidentais, tendo inclusive sido anatematizado por um sínodo norte-africano em 550. Em 15 de agosto daquele ano, o papa, o imperador e o clero bizantino haviam concordado com um concílio ecumênico para resolver o problema, comprometendo-se a não se pronunciarem individualmente sobre o tema antes do concílio, o que não foi respeitado de nenhum dos lados (Yannopoulos, 1995).

O Concílio de Constantinopla II começou em 5 de maio de 553, reunindo no *secretum*[25] da Basílica de Santa Sofia cerca de 150 bispos (sendo 6 ou 8 deles do norte da África e o restante do Oriente) sob a presidência do Patriarca Eutíquio de Constantinopla (ca. 512-582). O concílio, ao qual o imperador não compareceu presencialmente (mas interferia por meio de escritos e comentários enviados aos participantes da assembleia conciliar), teve oito sessões entre 5 de maio e 2 de junho.

---

25 O *secretum* corresponde ao que hoje chamamos de *sacristia* (Blanco de la Lama, 2000, p. 39).

O Papa Vigílio, que havia se recusado a participar do concílio[26], enviou (a pedido do imperador) seu parecer sobre os três capítulos aos bispos reunidos na basílica de Santa Sofia, que foi lido na sétima sessão (15 de maio). Em seu texto, o papa condenou a doutrina contida nos escritos, mas recusou-se a anatematizar os autores, argumentando que eles, além de já estarem mortos naquele momento, haviam sido reabilitados pelo Concílio de Calcedônia.

Na oitava sessão do concílio, foram condenados os três capítulos. Também foram condenados nos documentos do Concílio o monofisismo e o origenismo (Yannopoulos, 1995). Quanto ao Papa Vigílio, ele acabou por aceitar definitivamente a condenação dos três capítulos em 23 de fevereiro de 554. Obtendo autorização para voltar a Roma, faleceu durante a viagem, em Siracusa, no dia 7 de junho de 555 (Thomas, 2000).

Quanto aos documentos do Concílio de Constantinopla II, parece que grande parte se perdeu com a conquista turco-otomana da capital bizantina em 1453, de forma que podemos conhecer parte de seus cânones, mas temos poucas informações sobre seu desenvolvimento interno. As fontes que sobraram dos resultados finais das sessões conciliares são a sentença sobre os três capítulos, um conjunto de 14 cânones, dos quais os Cânones 1 a 10, sob a forma de anátemas às posições contrárias, reafirmam a teologia dos concílios ecumênicos anteriores (Um só Deus em substância/*ousia*, em Três Pessoas/*prosopon*/*hypostasis* distintas; uma só Pessoa/*hypostasis*/*prosopon* de Cristo com duas naturezas/*physis*), enquanto o Cânon 11 renova o anátema sobre Ário,

---

26  Yannopoulos (1995) aponta que a recusa do papa em tomar parte no concílio foi motivada inicialmente pela proibição do imperador para que Vigílio realizasse um sínodo em Roma antes da celebração do Concílio Ecumênico, sendo que Justiniano manteve o pontífice recluso na capital imperial. O papa poderia provocar a oposição do Ocidente se tomasse parte no concílio após tê-lo rejeitado, mas também corria o risco de ser acusado de simpatizante da heresia se não se pronunciasse sobre um concílio que visava condenar as heresias cristológicas. Justiniano necessitava do aval do papa para que o Concílio fosse mais facilmente recebido pela Igreja. A solução foi que o papa se manifestasse somente por escrito.

Macedônio, Apolinário, Nestório, Eutiques e Orígenes. Os Cânones 12 a 14 condenam de forma explícita os autores dos três capítulos e suas teses (Documentos..., 1999)[27].

Uma das consequências mais imediatas do segundo concílio constantinopolitano foi o paulatino desaparecimento do origenismo. O concílio conseguiu devolver a unidade aos que aceitavam o Concílio de Calcedônia (ocidentais e bizantinos), mas falhou em obter a adesão dos miafisistas, que se mantiveram afastados da comunhão católica/ortodoxa. Algumas cidades da Itália do Norte (fora da jurisdição imperial) recusaram inicialmente o concílio, mas o aceitaram aos poucos até o século VII. A morte de Vigílio e o sucesso de Justiniano em influenciar a eleição do Papa Pelágio I (556-561) marcaram o início de um período de forte influência bizantina nas eleições e políticas papais, cujo auge se deu no século VII (Yannopoulos, 1995).

O mundo mediterrâneo e o Oriente Médio foram sensivelmente alterados no intervalo entre o Concílio de Constantinopla II e o III. O surgimento da religião islâmica e a unificação política da Península Arábica por Muhammad (Maomé), por volta das décadas de 620-630, alteraram a balança de poder no Oriente, antes disputado entre bizantinos e persas sassânidas. Por volta de 660, os exércitos dos califas muçulmanos já haviam conquistado o Oriente Médio, a Pérsia e o norte da África, deixando o Império Bizantino restrito à Ásia Menor, Península Balcânica e parte do sul da Itália.

O Ocidente continuava dividido em vários reinos bárbaros, sendo os mais importantes o reino dos francos (atual França), o reino dos lombardos (norte italiano) e o reino dos visigodos (na Península Ibérica).

---

27 É comum encontrarmos na nternet acusações de que o II Concílio de Constantinopla teria alterado a doutrina da Igreja, rejeitando a ideia de reencarnação, que teria sido aceita até o ano de 553. Entretanto, a Igreja nunca aceitou a reencarnação. O que foi objeto de condenação em um sínodo de Constantinopla no mesmo ano do concílio ecumênico foram algumas teses origenistas acerca da preexistência da alma humana (que seria criada por Deus muito antes da concepção carnal), o que não significava que os seguidores da teologia de Orígenes (185-254) aceitassem a ideia de reencarnação (Bettencourt, 2003).

Os francos haviam adotado o cristianismo católico/niceno por volta do ano 500, enquanto os lombardos o fizeram entre 580-590 e os visigodos em 589 (quando o Rei Recaredo I abjurou do arianismo no III Concílio regional de Toledo). Em 597, o Papa São Gregório I Magno havia também enviado Santo Agostinho da Cantuária para evangelizar os reinos da atual Inglaterra, especialmente o de Kent.[28]

O Concílio de Constantinopla II havia reafirmado a cristologia de Éfeso e de Calcedônia, no que diz respeito à crença em uma única Pessoa de Cristo com duas naturezas distintas (divina e humana), mas alguns teólogos começaram a discutir como harmonizar essas doutrinas com a ação e a vontade de Cristo. Surgiu então uma corrente chamada *monoenergismo*, que dizia que Cristo teria apenas uma ação (*energeia*). Segundo Yannopoulos (1995), a fórmula monoenergista criada pelo Patriarca Sérgio de Constantinopla (?-638) servia aos propósitos políticos do Imperador bizantino Heráclio I (610-641) de união com os miafisistas após ter recuperado a Síria e o Egito da ocupação persa. A fórmula monoenergista admitia a existência de duas naturezas, mas, ao atribuir a ação como propriedade da pessoa e não da natureza, sustentava que Cristo só poderia ter uma ação – ou seja, o agir de Cristo seria sempre o agir da Pessoa divina do Logos.

Em 630, a fórmula doutrinária de reconciliação com os miafisistas foi redigida pelo Patriarca Sérgio com o apoio do imperador, baseando-se na ideia monoenergista. Em 631, a fórmula foi aceita pelos miafisistas siríacos, sendo também aceita pelos miafisistas da Armênia e do Egito (coptas) em 633. Entretanto, tanto do lado miafisista quanto do lado ortodoxo havia resistências quanto à fórmula monoenergista.

No ano 634, enquanto o Papa Honório I (625-638) mostrava-se compreensivo com os motivos do patriarca de Constantinopla (apesar de rejeitar a introdução de novas fórmulas doutrinárias sem a avaliação

---

28 Os anglo-saxões formaram sete reinos na atual Inglaterra. Esses reinos só foram unificados entre os séculos VIII e X para se contraporem aos invasores nórdicos (chamados de *vikings*).

de um concílio ecumênico), o monge Sofrônio (560-638), alçado à cátedra patriarcal de Jerusalém, expressou sua condenação ao monoenergismo no dia em que assumiu o patriarcado. Diante da oposição de ortodoxos e de alguns miafisistas, Sérgio redigiu um novo documento em que substituía o conceito de ação/*energeia* por *thelesis* (vontade), sustentando que Cristo tinha apenas uma vontade, a divina. Esse texto foi aceito pelo Papa Honório I.

Em 638[29] o imperador publicou o texto monotelista do patriarca de Constantinopla como um edito imperial, que ficou conhecido como *Ekthesis* ("Exposição"), tendo o texto recebido resistência e crítica de ortodoxos e de miafisistas. Também Roma e as igrejas da África setentrional rejeitaram o *Ekthesis*, sendo que em 641 o Papa João IV (640-642) havia condenado o monotelismo em um sínodo romano. A política imperial foi alterada quando o Imperador Constante II (641-668) publicou como edito uma "regra de fé" (*Typos*) elaborada pelo Patriarca Paulo de Constantinopla (?-653). Esse texto proibia qualquer discussão sobre as vontades de Cristo (Yannopoulos, 1995).

Sob o pontificado de Martinho I (649-655), reuniu-se um sínodo na Basílica de São João de Latrão em Roma[30], no ano de 649, em que foi condenado o monotelismo. Nesse encontro, com cerca de 500 participantes (só 105 bispos eram de jurisdição direta do bispo de Roma), houve também a presença de cerca de 36 representantes do Oriente. Além de ter condenado o *Typos*, Martinho I também incumbiu aos reis

---

29  Nesse mesmo ano havia falecido o Patriarca Sofrônio, um ano após ter negociado a rendição de Jerusalém com o califa Omar (634-644). A conquista muçulmana da Palestina, da Síria e do Egito tirou grande parte dos miafisistas da esfera política bizantina, o que, contudo, acabou aumentando a autoridade do patriarca de Constantinopla no seio da Igreja bizantina.

30  Ao contrário do que geralmente se pensa, a Basílica de São Pedro (localizada na colina Vaticana, originalmente fora dos muros da cidade) não é a catedral de Roma. A sede do papa fica na Basílica de São João de Latrão, na região mais central de Roma. Ao lado da basílica originalmente ficava também a residência oficial dos pontífices romanos.

francos[31] o dever de executarem as decisões do sínodo, sem referência ao imperador (o que já demonstrava um desejo do papado em romper com a tutela bizantina, buscando um protetor no Ocidente). A autonomia de Martinho lhe custou a prisão e o exílio por ordem do Imperador Constante II (Yannopoulos, 1995).

O Imperador Constantino IV (668-685) decidiu reunir um concílio ecumênico para tratar do monotelismo, apesar de já se encontrar com pouca expressão na década de 660. Em um sínodo romano no ano de 680 o Papa Agatão (678-681) e 150 bispos aceitaram a proposta de um concílio. O papa enviou quatro representantes e o sínodo enviou três legados para Constantinopla. No dia 10 de setembro de 680, dia da chegada dos representantes papais e sinodais à capital imperial, o imperador escreveu ao Patriarca Jorge de Constantinopla para convocar o concílio, que se reuniu no dia 7 de novembro do mesmo ano.

O Concílio de Constantinopla III foi celebrado dentro da sala com teto em cúpula (*Troullos*) do palácio imperial, razão pela qual também ficou conhecido como o Concílio *in trullo* ou *trullano*. Durou de 7 de novembro de 680 a 16 de setembro de 681, com um total de 18 sessões, variando o número de participantes entre 43 e 174. Somente os patriarcas de Constantinopla e Antioquia participaram, pois os outros patriarcados encontravam-se vacantes naquele momento. O imperador participou das sessões inaugurais e da última, na qual assinou os documentos conciliares (Yannopoulos, 1995). A presidência do concílio coube aos legados papais (Shahan, 1908).

A principal decisão do concílio constantinopolitano III foi a condenação do monotelismo, o que resultou na destituição do Patriarca

---

31 Diferente do reino visigodo, que era uma monarquia eletiva (na qual os nobres e os bispos mais importantes se reuniam após a morte de um rei para eleger o seu sucessor), o reino dos francos era uma monarquia hereditária (em que o rei é sucedido pela sua linhagem) e entendido de uma forma quase patrimonialista: assim, o rei dividia o reino entre os filhos ao morrer, como se fosse parte de seus bens patrimoniais. Por isso, em vários momentos da História tardo-antiga (séculos IV a VIII) encontraremos o reino franco dividido entre vários pequenos reinos, cada qual com seu monarca.

Macário de Antioquia, defensor da referida heresia. Na terceira sessão (28 de março de 681), os padres conciliares, sem a oposição dos membros ocidentais, anatematizaram o falecido Papa Honório I, por não ter se oposto ao monotelismo. Houve um intervalo longo entre a 15ª sessão (26 de abril de 681) e a 16ª sessão (9 de agosto), causado pela guerra contra os búlgaros, que manteve o imperador ocupado com assuntos militares (Yannopoulos, 1995).

O documento central do Concílio de Constantinopla III foi a Exposição de Fé acerca das operações e vontades na Pessoa de Cristo. Transcrevemos aqui as partes mais relevantes:

> Nós pregamos duas vontades ou faculdades volitivas (*thelêseis êtoi thelêmata*) naturais nele [Cristo] e duas faculdades operativas, sem divisão, sem mudança, sem separação e sem confusão, exatamente de acordo com o ensinamento dos Santos Padres. As duas vontades naturais não se opõem – isto longe de nós! – como alegaram os ímpios hereges, mas sua vontade humana obedece, sem resistir nem relutar, se submete à vontade divina e onipotente, pois era necessário que a vontade humana fosse movida e se submetesse à vontade divina, como assim ensina o sapientíssimo Atanásio [de Alexandria]. [...]
>
> No mesmo Nosso Senhor Jesus Cristo, nosso verdadeiro Deus, admitimos duas operações naturais, a divina e a humana, sem divisão, sem mudança, sem separação e sem confusão [...]. (Documentos..., 1999, p. 88-89)

Reproduzimos também o anátema ao Papa Honório I[32]. Sobre o referido pontífice, o concílio se pronunciou da seguinte forma:

> Concordamos em expulsar da santa Igreja de Deus e em submeter ao anátema também Honório, que foi papa da antiga Roma,

---

32 É interessante observar que, em uma carta de 641 ao Imperador Constantino III, o Papa João IV havia interpretado a posição de Honório em favor da única vontade e operação em Cristo no sentido de reconhecer que na vontade de Jesus não havia contradição como na dos pecadores (Denzinger, 2007). As cartas de Honório encontram-se em Denzinger (2007, p. 175-177).

porque, ao examinar os escritos que ele enviou a Sérgio [patriarca de Constantinopla], constatamos que aderiu em tudo ao seu pensamento e confirmou as suas ímpias doutrinas. (Denzinger, 2007, p. 202)

A condenação ao monotelismo restaurou a unidade entre romanos e bizantinos, mas os bastidores do concílio e seus antecedentes mostraram a tensão entre o papado desejoso de autonomia e a interferência imperial nos assuntos eclesiásticos. (Yannopoulos, 1995). Quanto à recepção, o Papa Leão II (682-683) confirmou as decisões do Concílio de Constantinopla III em carta de 682 ao Imperador Constantino IV. Nessa mesma carta, Leão II reafirmou a reprovação ao Papa Honório, mas em termos que indicavam mais uma condescendência com a heresia do que propriamente uma adesão: "e [anatematizamos] também Honório, que não iluminou esta Igreja apostólica com a doutrina da tradição apostólica, mas tentou submeter a imaculada fé com ímpia traição [versão grega: permitiu que a <Igreja> imaculada fosse manchada por ímpia traição]" (Denzinger, 2007, p. 206).

O caso de Honório, que foi frequentemente usado para negar a infalibilidade papal, parece ter sido mais o caso de confusão teológica e afã de contribuir para a unidade com os miafisistas desejada pelo patriarca constantinopolitano. Com base em Christopher Bellitto (2010), Urbano Zilles (Documentos..., 1999) e na leitura das cartas de João IV e de Leão II (Denzinger, 2007), entendemos que o caso de Honório está relacionado a uma linguagem teológica imprecisa por parte do pontífice anatematizado[33], o que foi encarado pelos que o sucederam como uma falta de firmeza e clareza no combate à heresia.

---

33 "Por isso, meu referido predecessor [Honório], ensinando a respeito do mistério da encarnação de Cristo, dizia que nele não há, como em nós pecadores, vontades contrárias, a da mente a da carne. Alguns deformaram isso no sentido da própria opinião, supondo que tenha ensinado uma só vontade da sua divindade e humanidade, o que é totalmente contrário à verdade" (Carta *Dominus qu. dixit* do Papa João IV ao Imperador Constantino III no ano de 641, citada por Denzinger, 2007, p. 179-180).

Como o Concílio de Constantinopla III havia tratado apenas de temas doutrinais, o Imperador Justiniano II (685-695, 705-711) sentiu a necessidade de convocar um novo concílio para tratar das questões práticas/disciplinares. Esse concílio, realizado entre os anos 691 e 692, buscava complementar as decisões do quinto (Constantinopla II) e do sexto (Constantinopla III) concílios ecumênicos, razão pela qual ficou conhecido como o *Concílio Quinissexto*, tendo se realizado no *Troullos* do palácio imperial. A ideia do imperador era codificar de forma padronizada o direito da Igreja. Entretanto, como esse evento teve a participação somente de clérigos orientais, muitas práticas rituais e disciplinares das igrejas ocidentais foram condenadas, o que fez com que esse concílio fosse rejeitado pelo papado (Yannopoulos, 1995).

## Síntese

Neste primeiro capítulo, você estudou os concílios da Antiguidade. Esses concílios se inspiraram na reunião organizada pelos apóstolos, por volta do ano 50, na qual se discutiu o problema da observância da Lei Mosaica. Nesse primeiro "Concílio de Jerusalém", os apóstolos concordaram em não impor aos convertidos de origem grega a observância dos preceitos judaicos.

Você também pôde conhecer concílios que se realizaram depois de o Cristianismo ter sido liberado no Império Romano e paulatinamente adotado pelos imperadores como religião pessoal e do Império. Esses concílios ocorreram sob a influência dos imperadores, que viam na unidade eclesial uma condição para a unidade política que almejavam para o Império (ameaçado em sua parte ocidental pelos bárbaros germânicos). Os quatro primeiros concílios ecumênicos versavam sobre a relação entre as Pessoas da Trindade (um só Deus em três Pessoas distintas) e sobre a Pessoa de Cristo como Deus e Homem.

Observe um breve resumo dos quatro primeiros concílios:

- Concílio de Niceia I (315): Convocado pelo Imperador Constantino I e presidido pelo bispo Ósio de Córdoba, definiu que o Filho é consubstancial (*homoousios*) ao Pai, reafirmando assim a crença na Divindade do Filho, Jesus Cristo. Promulgou 20 cânones disciplinares.
- Concílio de Constantinopla I (381): Convocado pelo Imperador Teodósio I e presidido por Gregório Nazianzeno, confirmou o credo niceno, acrescentando um trecho que afirmava a Divindade do Espírito Santo. Promulgou sete cânones disciplinares.
- Concílio de Éfeso (431): Convocado pelo Imperador Teodósio II, sob a presidência do bispo Cirilo de Alexandria, dogmatizou que o Cristo é uma só Pessoa e sancionou a legitimidade do título de "Mãe de Deus" à Virgem Maria. Publicou oito cânones disciplinares.
- Concílio de Calcedônia (451): Convocado pelo Imperador Marciano I e presidido alternadamente pelos legados imperiais e papais, afirmou a doutrina das duas naturezas de Cristo (divina e humana) em uma só Pessoa. Publicou 30 cânones disciplinares.

Após a queda do Império Romano do Ocidente, em 476, o Império Romano continuou existindo no Oriente e em suas terras celebraram-se mais dois concílios ecumênicos, que abordaram questões cristológicas. Foram eles:

- Concílio de Constantinopla II (553): Convocado pelo Imperador Justiniano I e presidido pelo Patriarca Eutíquio de Constantinopla, condenou as teses teológicas da escola antioquena contidas nos chamados *três capítulos* e confirmou as doutrinas dos concílios anteriores. Decretou 14 cânones.
- Concílio de Constantinopla III (680-681): Convocado por ordem do Imperador Constantino IV, sob a presidência dos representantes do

papa, proclamou a existência de duas vontades (divina e humana) e duas operações/ações (divina e humana) na única Pessoa de Cristo.

Como você pôde perceber, grande parte de nosso patrimônio no conhecimento da fé sobre Deus e Seu Filho nos foi legada por esses seis primeiros concílios ecumênicos. A profissão de fé que pronunciamos na missa, em grandes solenidades da Igreja, e as fórmulas utilizadas nas orações e na liturgia estão impregnadas da doutrina esclarecida nesses primeiros concílios.

## Atividades de autoavaliação

1. O Concílio de Niceia se reuniu para tratar do problema doutrinário da relação do Pai com o Filho. A doutrina que negava a divindade do Filho/Logos e foi condenada como herética pelo concílio niceno ficou conhecida como:
   a) Arianismo.
   b) Macedonianismo.
   c) Febornianismo.
   d) Monotelismo.
   e) Monoenergismo.

2. O Concílio de Calcedônia definiu que a única Pessoa de Cristo continha duas naturezas (humana e divina). O documento que expressava essa cristologia, elaborado pelo Papa Leão I e enviado ao concílio, ficou conhecido como:
   a) Os três capítulos.
   b) *Ekhtesis* ou "Exposição".
   c) *Tomus ad Flavianum*.
   d) Edito de Tessalônica.
   e) Fórmula da Concórdia.

3. Quais foram as duas heresias condenadas pela definição da dupla vontade e dupla operação em Cristo, sancionada no Concílio de Constantinopla III?
   a) Monofisismo e difisismo.
   b) Monofisismo e miafisismo.
   c) Monoenergismo e monofisismo.
   d) Nestorianismo e monotelismo.
   e) Monotelismo e monoenergismo.

4. Qual foi a principal decisão do Concílio de Constantinopla II?
   a) Condenação da doutrina da reencarnação.
   b) Condenação da pessoa de Orígenes.
   c) Condenação do Papa Honório I.
   d) Condenação dos três capítulos.
   e) Elevação de Constantinopla a patriarcado ecumênico.

5. O Cânon 28 do Concílio de Calcedônia foi anulado pelo Papa Leão I, porque:
   a) anatematizava os costumes da Igreja Romana.
   b) equiparava em importância e dignidade a Sé de Constantinopla com a Sé de Roma.
   c) declarava o Patriarca de Constantinopla o chefe supremo da Igreja.
   d) dava ao Imperador de Constantinopla poderes sobre a Igreja Romana.
   e) anulava os privilégios da sé romana.

# Atividades de aprendizagem

## Questões para reflexão

1. Leia atentamente os textos a seguir:

Texto 1 – Declaração conjunta do Papa João Paulo II e Mar Dinkha IV, Catholicos-Patriarca da Igreja Assíria do Oriente, de 11 de novembro de 1994:

> Por isso, nosso Senhor Jesus Cristo é verdadeiro Deus e verdadeiro homem, perfeito na sua divindade e perfeito na sua humanidade, consubstancial ao Pai e consubstancial a nós em todas as coisas, exceto no pecado. A sua divindade e a sua humanidade estão unidas numa única pessoa, sem confusão nem mudança, sem divisão nem separação. N'Ele foi preservada a diferença das naturezas da divindade e da humanidade, com todas as suas propriedades, faculdades e operações. Mas, longe de constituir "um e outro", a divindade e a humanidade estão unidas na pessoa do mesmo e único Filho de Deus e Senhor Jesus Cristo, o qual é objeto de uma só adoração.
>
> Portanto, Cristo não é um "homem como os outros", que Deus teria adotado para residir nele e inspirá-lo, como é o caso dos justos e dos profetas. Pelo contrário, Ele é o próprio Verbo de Deus, gerado pelo Pai antes da criação, sem princípio no que se refere à sua divindade, nascido nos últimos tempos de uma mãe, sem um pai, no que se refere à sua humanidade. A humanidade que a Bem-aventurada Virgem Maria deu à luz foi sempre a do próprio Filho de Deus. Por esta razão a Igreja assíria do Oriente eleva as suas orações à Virgem Maria como "Mãe de Cristo, nosso Deus e Salvador". A luz desta mesma fé, a tradição católica dirige-se à Virgem Maria como "Mãe de Deus" e também como "Mãe de Cristo". Nós reconhecemos a legitimidade e a exatidão destas expressões da mesma fé, e respeitamos as preferências que cada Igreja lhes dá na sua vida litúrgica e na sua piedade.

> Esta é a única fé que nós professamos no mistério de Cristo. As controvérsias do passado levaram a anátemas pronunciados a respeito de pessoas ou de fórmulas. O Espírito do Senhor concede-nos compreender melhor hoje que as divisões, que se verificaram deste modo, eram em grande parte devidas a incompreensões.
>
> Contudo, prescindindo das divergências cristológicas que se verificaram, confessamos hoje unidos a mesma fé no Filho de Deus que se fez homem para que nós, mediante a sua graça, nos tornássemos filhos de Deus. (Bettencourt, 1995)

**Texto 2 – Declaração conjunta do Papa Paulo VI e do Papa copta de Alexandria Shenouda III, de 10 de maio de 1973:**

> Confessamos que nosso Senhor e Deus, Salvador e Rei de todos nós, Jesus Cristo, o Verbo incarnado [sic], é perfeito na sua divindade e perfeito na sua humanidade. Ele fez da sua humanidade e da sua divindade uma só coisa; esta união é real, perfeita, sem mistura, sem interferência, sem confusão, sem alteração, sem separação. A sua divindade não foi separada da sua humanidade em nenhum momento, nem pelo tempo de um piscar de olhos. Ao mesmo tempo condenamos com o anátema as doutrinas de Nestório e de Eutíquio (Araujo, 2018)

**Texto 3 – Declaração conjunta do Papa João Paulo II e do Patriarca siríaco-ortodoxo Zakka Iwas I, de junho de 1986:**

> Queremos reafirmar solenemente nossa profissão de fé na incarnação [sic] de nosso Senhor Jesus Cristo, tal como a declararam em 1971 o Papa Paulo VI e o Patriarca Moran Mar Ignatius Jacoub III. Negaram que exista uma diferença na fé que eles professam no mistério de Verbo de Deus feito carne e realmente homem. Por nossa vez, confessamos que Ele se incarnou [sic] por nós, tomando para si um corpo real com uma alma racional. Compartilhou em tudo a nossa humanidade, exceto o pecado […]. Nele estão unidas

de maneira real, perfeita, indivisível e inseparável a humanidade e a Divindade, e todas as propriedades de uma e outra nele estão presentes e atuantes. (Araujo, 2018)

Com base em Araujo (2018) e Bettencourt (1995) e na releitura deste capítulo, escreva um texto comentando qual é o entendimento atual da Igreja Católica e das igrejas miafisistas acerca dos desentendimentos cristológicos ocorridos na época dos concílios de Éfeso e Calcedônia.

2. Releia o capítulo e observe como a autoridade dos imperadores atuou na realização e no desenvolvimento dos concílios. Com base nessa observação, procure identificar elementos positivos e negativos dessa interferência, considerando as realidades do contexto analisado (evite olhar conforme as realidades atuais, uma vez que são muito distintas).

## Atividades aplicadas: prática

1. Observe as orações e a liturgia da missa e identifique as vezes em que se faz alguma referência a um dogma ou a uma verdade de fé proclamados em um dos sete primeiros concílios ecumênicos.

2. Procure três pessoas de outras denominações cristãs e busque saber qual o entendimento que elas têm acerca da importância dos sete primeiros concílios ecumênicos para as suas confissões de fé.

# 2
# Os concílios da Antiguidade II: o culto e a disciplina[1]

---
[1] A edição da Bíblia utilizada para a elaboração deste capítulo é a da Editora Ave Maria (Bíblia..., 2011).

O s Concílios de Niceia II e Constantinopla IV diferenciam-se dos concílios celebrados entre os séculos IV e VII por abordarem não questões diretamente relacionadas à Trindade ou à Pessoa de Cristo, mas questões ligadas à prática da vida cristã. Assim, Niceia II debateu o uso das imagens no culto cristão, enquanto Constantinopla IV abordou conflitos de jurisdição relacionados à sé constantinopolitana.

O século VIII inaugurou uma nova era na história cristã. Os muçulmanos, que já haviam conquistado a maior parte da Península Ibérica, foram barrados pelos francos ao tentarem cruzar os Pireneus, na célebre Batalha de Tours/Poitiers em 732.

O reino dos francos, inicialmente governado pelos reis da dinastia merovíngia, foi substituído por uma nova dinastia quando o *maiordomus* (prefeito do palácio, administrador do reino), Pepino, o Breve, depôs o Rei Childerico III e, com o apoio do episcopado franco e do papado, foi aclamado e ungido rei dos francos (751-768). A nova dinastia, chamada de *carolíngia*, teve seu auge durante o reinado de Carlos Magno (768-814), que expandiu os territórios conquistando o reino lombardo (norte da Itália), a fronteira com a *Hispania*, a Saxônia e a Boêmia. Carlos Magno também fortaleceu a autonomia dos papas ao confirmar a doação feita pelo seu pai, Pepino, das terras centrais da Itália ao papado (o *patrimonium Petri*, chamado erroneamente pela historiografia de *Estados Pontifícios*).

Quanto ao Império Bizantino, encontrava-se, como já dissemos, reduzido territorialmente devido à expansão islâmica, embora buscasse aumentar sua influência na Europa Oriental. Durante o século VIII, o império foi agitado por uma nova polêmica religiosa, envolvendo o aspecto litúrgico e cultual das imagens religiosas. Durante o período das catacumbas e o início da *Pax Constantiniana*, a arte cristã buscava ser mais pedagógica, usando representações simbólicas ou cenas bíblicas e da vida de santos para ensinar aos iletrados e recordar acontecimentos importantes da História da Salvação ou de alguns santos. Havia divergência entre os Padres da Igreja sobre a conveniência ou não de usarem imagens no culto.

No Oriente, desenvolveu-se um tipo específico de imagens, os ícones, envoltos em uma aura de sacralidade. No século VIII, a veneração dos ícones religiosos era muitas vezes acompanhada de práticas supersticiosas, o que despertava receios por parte de alguns membros da Igreja. Além disso, várias heresias que minimizavam ou negavam a natureza humana de Cristo opunham-se fortemente aos ícones. A rejeição de imagens cultuais no judaísmo e no Islã também influenciou a visão negativa sobre a iconodulia (veneração de ícones).

Na cidade de Nacólia, na Frígia (Ásia Menor), o bispo Constantino pregava contra os ícones, associando-os à idolatria dos pagãos. Seu movimento ficou conhecido como *iconoclasmo* (de *iconoclastas*, que significa "destruidores de ícones"). No Oriente, os iconódulos mais relevantes eram o Monge São João Damasceno (do deserto da Judeia) e o Patriarca Germano de Constantinopla. O Ocidente, especialmente Roma[2], também rejeitava o iconoclasmo. Apesar dos conflitos, o imperador bizantino Leão III Isáurico (717-741) publicou um edito em 730 ordenando a destruição dos ícones (Yannopoulos, 1995)[3].

---

[2] Roma nessa época encontrava-se pressionada ao norte pelos lombardos e ao sul pelos árabes e berberes muçulmanos. Os problemas internos do Império Bizantino impediam uma intervenção imperial mais decisiva na Itália. Esse fato também contribuiu para que os papas considerassem a busca de um protetor nas regiões ocidentais.

[3] É importante salientar que havia uma diferença crucial entre o iconoclasmo cristão e a rejeição às imagens no judaísmo e no Islã. Enquanto judeus e muçulmanos impugnavam praticamente toda representação figurativa de seres vivos (com algumas exceções em alguns lugares ou períodos), os iconoclastas rejeitavam apenas as imagens no contexto cultual/litúrgico. Como exemplo, basta vermos que tanto Leão III quanto Constantino V cunharam moedas nas quais figurava a efígie dos respectivos imperadores portando suas insígnias de poder.

## 2.1 O Concílio de Niceia II (787)

O Imperador Constantino V (741-775) deu seguimento à política iconoclasta de seu pai e antecessor no trono. Em 754, reuniu um sínodo em Hieria (próximo à Calcedônia), do qual 388 bispos participaram sob a presidência do bispo Teodósio de Éfeso (nem Roma nem os demais patriarcados enviaram representantes). Nesse sínodo foi lido um tratado teológico escrito pelo próprio imperador, no qual acusava a iconodulia de heresia por acreditar que essa prática separava a natureza humana da natureza divina de Cristo. A declaração de Constantino também dizia ser o imperador um sucessor dos apóstolos que não precisava de um concílio para definir questões relacionadas à fé. O Concílio de Niceia II referendou a condenação do iconoclasmo e não contestou a declaração sobre o poder do imperador em matéria de fé.

Em resposta ao sínodo de Constantino V, o Papa Estêvão III (768-772) reuniu um sínodo romano em 769, no qual afirmou a legitimidade das imagens religiosas. Nesse sínodo participaram cerca de 50 bispos vindos da Itália, do reino dos francos e de várias regiões do Oriente. A intenção era mostrar que as ideias do imperador não eram respaldadas por grande parte da Igreja. Além do mais, nesse momento o papado já contava com o apoio político do rei franco Carlos Magno, o que diminuía ainda mais a influência do Império Bizantino para além da Ásia Menor e dos Bálcãs. O reinado de Constantino V foi seguido por um período de maior tolerância sob Leão IV (775-780).

Quando Constantino VI (780-797) ascendeu ao trono tinha apenas 9 anos, o que fez com que o governo passasse para as mãos de sua mãe, a Imperatriz-regente Irene. Irene inicialmente devolveu a liberdade aos iconódulos e, em 784, nomeou para o patriarcado de Constantinopla Tarásio, um defensor dos ícones. No mesmo dia, a imperatriz-regente convocou um concílio ecumênico, convidando o Papa Adriano I (772-795) a participar dele (Yannopoulos, 1995). O papa concordou com a realização do concílio desde que condenasse o sínodo de Hieria (Thomas, 2000). Segundo Yannopoulos (1995), as informações não são seguras, mas tudo indica que quem exerceu o ofício de legado papal foram os dois presbíteros que enviaram a carta-resposta de Adriano I à imperatriz (Bellitto, 2010; Thomas, 2000).

Quanto aos representantes dos patriarcas do Oriente, foram monges da Síria que escolheram os legados de Alexandria e Antioquia, pois não deixaram a carta do Patriarca Tarásio de Constantinopla chegar aos destinatários, com receio de que o gesto fosse visto como espionagem bizantina pelos governantes árabes da Síria e do Egito (Yannopoulos, 1995).

O concílio convocado por Irene foi inicialmente reunido na Basílica dos Santos Apóstolos, em Constantinopla, no ano de 786, sob a presidência de Tarásio e com a presença da imperatriz-mãe e do pequeno Constantino VI. Os bispos iconoclastas convenceram os membros da guarda imperial que compartilhavam de suas crenças a invadirem a igreja e dispersarem a reunião, o que fez com que Irene removesse os iconoclastas da guarda, além de transferir o local do concílio para a cidade de Niceia.

Irene reuniu novamente seu concílio ecumênico no dia 24 de setembro de 787, na Basílica de Santa Sofia, em Niceia, sob a presidência do Patriarca Tarásio. Junto com os 350 bispos, estavam presentes os dois legados papais, bem como os representantes de Alexandria e Antioquia enviados pelos monges sírios, além de funcionários e legados imperiais. O concílio contou com oito sessões, sendo as sete primeiras realizadas em Niceia e a última (novembro de 787) no palácio imperial em Constantinopla.

Na primeira sessão do concílio, leu-se a carta do papa a Irene (na qual Adriano expunha sua posição sobre a veneração das imagens); em seguida, proibiu-se que os bispos presentes no sínodo de Hireia de 754 tomassem parte na assembleia conciliar. Na segunda sessão, Tarásio e os demais bispos subscreveram a doutrina contida na carta papal. Na mesma semana foi redigido um texto que expunha a doutrina católica sobre as imagens, diferenciando a *doulia* (veneração) devida aos santos e às coisas sagradas da *latreia* (adoração), devida somente a Deus. Nas demais sessões, aprovaram-se cânones disciplinares (Thomas, 2000), sendo que na última delas, em Constantinopla, a imperatriz-mãe e o jovem Constantino VI assinaram as decisões do concílio (Yannopoulos, 1995).

Os documentos do Concílio de Niceia II contêm uma exposição de fé sobre a questão das imagens mais 22 cânones disciplinares. Vejamos primeiramente a exposição de fé:

> Sendo assim, nós, que caminhando pela estrada real e seguindo os ensinamentos divinamente inspirados de nossos Pais e a tradição da Igreja Católica – a qual sabemos que é do Espírito Santo que nela habita – definimos com toda a exatidão e com toda a atenção que, do mesmo modo como se expõe à veneração a imagem da veneranda e vivificadora Cruz, assim as venerandas e sagradas imagens, tanto pinturas como mosaicos ou feitas de outros materiais convenientes[4], devem ser expostas nas sagradas Igrejas de Deus, nos vasos e nos paramentos sagrados, em paredes e portas, dentro das casas como à beira dos caminhos. Valem as representações de Nosso Senhor, Deus e Salvador Jesus Cristo e a de nossa imaculada Senhora, a Santa Mãe de Deus e a dos veneráveis anjos e de quaisquer santos e piedosos varões.

---

4 Não era comum, antes de meados do ano 1000, o uso de imagens esculpidas nas igrejas (eventualmente encontravam-se alguns relevos em portas, sarcófagos, altares ou relicários no Ocidente). O Ocidente entendeu o texto de Niceia II como referido também às imagens tridimensionais, enquanto o Oriente o interpretou de forma restrita às imagens bidimensionais.

Com efeito, com quanto maior frequência se olha para essas figuras, tanto mais, quem as contempla, sente despertar em si a lembrança e como que o desejo desses antigos modelos e assim as beija e lhes tributa respeitosa reverência.[5] Naturalmente não lhes tributamos verdadeira adoração (latreia), que é, segundo a nossa fé, devida só à natureza divina, mas uma veneração semelhante à que tributamos à figura da veneranda e vivificadora Cruz e aos santos Evangelhos e aos demais objetos sagrados.[6] Em honra delas também é bom queimar incenso e acender lâmpadas, como já antigamente era piedoso costume. É que a honra prestada à imagem reverte ao próprio modelo; e aquele que venera a imagem, nela venera a pessoa representada.

[...]

Quem não professar que Cristo nosso Deus é circunscrito na sua realidade humana, seja anátema.

Quem não admitir a explicação dos Evangelhos mediante imagens, seja anátema.

Quem não saudar essas imagens, sendo que elas levam o nome do Senhor e de seus Santos, seja anátema.

Quem rejeitar toda a tradição da Igreja, seja escrita ou não escrita, seja anátema. (Documentos..., 1999, p. 94-96)

---

5   Interessante notar que o ato de se prostrar era entendido não só como gesto de adoração, mas também de veneração. Com efeito, a *proskynesis* (prostração), além de se encontrar nos ofícios litúrgicos penitenciais do Oriente, também fazia parte do protocolo das audiências com o imperador bizantino. Em pinturas do tempo do reinado de Basílio II (976-1025), vemos igualmente a prostração sendo praticada por prisioneiros capturados em ato de rendição ao imperador (Saltério de Basílio II) e por um penitente em um concílio na presença do episcopado e do imperador (*Menologion* de Basílio II).

6   Os iconoclastas não rejeitavam a veneração da Cruz e do Evangeliário. De fato, na Igreja de Santa Irene, em Constantinopla (que foi reformada pelos iconoclastas), notamos uma grande cruz negra na abside, substituindo as pinturas ou os mosaicos que anteriormente adornavam a parede absidal. Sinais físicos de veneração aos livros sagrados (como o ato cristão de beijar os Evangelhos na liturgia) já eram comuns no culto judaico sinagogal, em que os rolos de pergaminho da *Torah* eram cercados de veneração, gozando de local de destaque na sinagoga. Por esses motivos, o concílio invocou a veneração da Cruz e do Evangeliário como argumento para explicar o que a iconodulia ortodoxa entendia como a correta veneração das imagens.

O Quadro 2.1, a seguir, resume os 22 cânones de Niceia II.

Quadro 2.1 – Cânones do Concílio de Niceia II

| | |
|---|---|
| Cân. 1 | Obriga a observância integral dos cânones eclesiásticos. |
| Cân. 2 | Dispõe sobre o compromisso de observância dos cânones para a ordenação de um novo bispo. |
| Cân. 3 | Proíbe a interferência das autoridades civis nas eleições episcopais. |
| Cân. 4 | Proíbe os bispos de receberem donativos. |
| Cân. 5 | Estabelece punições aos que insultam aos clérigos. |
| Cân. 6 | Dispõe sobre a celebração periódica de sínodos locais. |
| Cân. 7 | Obriga a inclusão de relíquias de santos nos novos templos consagrados. |
| Cân. 8 | Dispõe sobre a admissão na Igreja de judeus convertidos. |
| Cân. 9 | Determina que os livros heréticos contra as imagens sejam entregues às autoridades eclesiásticas. |
| Cân. 10 | Proíbe a um clérigo mudar de paróquia sem o consentimento do seu bispo. |
| Cân. 11 | Determina a presença de ecônomos nos bispados e mosteiros. |
| Cân. 12 | Proíbe bispos e abades de alienarem os bens da Igreja. |
| Cân. 13 | Condena os que destinam mosteiros a usos profanos. |
| Cân. 14 | Determina que somente os que receberem a imposição das mãos podem fazer leitura nas celebrações litúrgicas. |
| Cân. 15 | Expõe a impossibilidade de um clérigo pertencer a duas igrejas. |
| Cân. 16 | Proíbe que os clérigos usem roupas luxuosas. |
| Cân. 17 | Proíbe a construção de oratórios quando não houver recursos para a conclusão da obra. |
| Cân. 18 | Proíbe que mulheres vivam em mosteiros masculinos ou junto com bispos. |
| Cân. 19 | Proíbe que se admitam monges ou monjas mediante contribuição de dinheiro. |
| Cân. 20 | Proíbe a ereção de mosteiros mistos. |
| Cân. 21 | Proíbe aos monges abandonarem seus mosteiros de origem em detrimento de outros. |
| Cân. 22 | Proíbe aos monges tomarem refeições na companhia de mulheres. |

Fonte: Elaborado com base em Documentos..., 1999.

Como se vê, os cânones visavam padronizar a disciplina eclesiástica, resguardando a austeridade do clero e dos religiosos, bem como reduzir a interferência do poder secular nos assuntos internos da Igreja. Vemos que no Oriente, especialmente, este último ponto era de difícil concretização, haja vista que os imperadores influenciavam a escolha ou muitas vezes apontavam os bispos das sés mais importantes.

Segundo Panayotis Yannopoulos (1995), Irene impôs aos bispos iconoclastas um compromisso de aceitação do segundo concílio niceno, tendo removido os intransigentes de suas sés episcopais. Enquanto o Papa Adriano I aceitou as decisões do concílio, o episcopado franco reuniu-se em um concílio regional convocado pelo Rei Carlos Magno em Frankfurt no ano de 794. O Concílio de Frankfurt rejeitou o Concílio de Niceia II (Yannopoulos, 1995). Ao que parece, a tradução latina dos textos gregos conciliares não reproduziu a distinção original entre *doulia* e *latreia*, o que fez com que os francos entendessem que o concílio estava sancionando a idolatria[7]. Essa rejeição, contudo, não levou ao rompimento da Igreja franca com o papado, posto que o próprio Papa Leão III (795-816) conferiu ao Rei Carlos Magno a coroa e o título imperial romano no natal do ano 800[8]. A aceitação de Niceia II no reino franco se deu sob o pontificado de João VIII (872-882), quando o bibliotecário papal Anastácio (de origem grega)

---

7 Carlos Magno não pode ser considerado um iconoclasta. Fomentou a veneração às relíquias (ele próprio usava no peito um medalhão-relicário com mechas de cabelo atribuídas à Virgem Maria) e um renascimento artístico do qual um dos grandes expoentes eram livros litúrgicos ornamentados e decorados com pinturas de temática religiosa. O próprio Carlos Magno encomendou um evangeliário (Evangeliário de Goldescalc) em 781 para presentear o Papa Adriano I em agradecimento pelo pontífice ter apadrinhado o batismo do filho do rei franco. Nesse Evangeliário, encontramos uma representação da *maiestas Domini* (Cristo entronizado em majestade).

8 Essa coroação representava uma renovação da ideia imperial no Ocidente. De fato, os monarcas carolíngios foram vistos na época pelos ocidentais como legítimos herdeiros do antigo Império Romano. Isso se mostra nas inscrições de selos e moedas de Carlos Magno, que traziam a divisa *renovatio romani imperii* ("Renovação do Império Romano"). A ostentação do título imperial por um rei bárbaro foi malvista pela corte bizantina, já que os monarcas do Império Romano do Oriente (Bizantino) se consideravam os únicos herdeiros legítimos do antigo Império Romano. Na prática, o gesto da coroação imperial do ano 800 revelava que a Sé de Roma já não via mais o imperador bizantino como seu legítimo protetor.

fez uma nova tradução latina do texto grego, distinguindo os termos *adorare* e *venerare* (Bettencourt, 2018).

Por outro lado, no Oriente, após a morte de Irene, em 803, os imperadores seguintes tentaram reabilitar o iconoclasmo. Foi somente em 843, quando a Imperatriz Teodora – mãe do Imperador Miguel III (842-867) e regente durante a menoridade deste – convocou um sínodo em Constantinopla sob a presidência do iconódulo Patriarca Metódio de Constantinopla que reabilitou de forma definitiva o culto aos ícones (Yannopoulos, 1995). Esse evento é festejado na Igreja Ortodoxa e nas Igrejas católicas de rito bizantino no primeiro domingo da Quaresma, com o nome de *Triunfo da Ortodoxia*.

## 2.2 O Concílio de Constantinopla IV (869-870)

O quarto concílio constantinopolitano foi o primeiro a não ser igualmente recebido pela Igreja no Ocidente e no Oriente. Nesse sentido, ele indica sinais de divergências entre o papado e o patriarcado de Constantinopla.

A controvérsia iconoclasta no Oriente foi resolvida em 843, em um sínodo constantinopolitano organizado, como já dissemos, pela Imperatriz Teodora, mãe de Miguel III. Nesse mesmo ano, no Ocidente, os netos de Carlos Magno fizeram um acordo (o chamado *Tratado de Verdun*), que dividia os territórios carolíngios entre o Imperador Lotário I (840-855), o Rei Carlos II, o Calvo (840-877), e o Rei Luís II, o

Germânico (840-876)⁹. Além disso, havia surgido na Europa uma nova onda de invasões "bárbaras", caracterizadas por três grandes grupos:

1. **Os nórdicos/normandos, também chamados de *vikings*:** Provenientes da região da Escandinávia (atuais Noruega, Dinamarca, Suécia, Finlândia e Islândia), atacavam a costa da França, Germânia, Inglaterra, Itália e parte da Europa Oriental.
2. **Os sarracenos:** Árabes e berberes muçulmanos, atacavam navios no Mediterrâneo e na costa italiana. No século IX ocuparam a Sicília, dominando-a até o século XI.
3. **Os magiares:** Povos provenientes das região dos Montes Urais, invadiram a Europa Oriental.

A descentralização e a fragmentação política provocada pela divisão e pelo enfraquecimento da dinastia carolíngia favoreciam as invasões na Europa. Por outro lado, o Império Bizantino encontrava-se num período de renovação cultural e de expansão territorial na Europa Oriental. Lorenzo Perrone (1995b) explica que a Igreja bizantina, após a derrota do iconoclasmo, dividiu-se em dois grandes grupos:

1. defensores da *oikonomia*, isto é, da adaptação das leis canônicas às situações particulares;
2. defensores da *akribeia*, ou seja, da observância estrita dos cânones disciplinares.

Durante o patriarcado de Metódio na sé constantinopolitana, entre 843 e 847, a práxis da Igreja bizantina foi a de reintegrar os ex-iconoclastas arrependidos à estrutura hierárquica eclesiástica, prática essa que

---

9  Os territórios de Carlos II, o Calvo, foram chamados de *Francia Ocidentalis* (atual França); os territórios de Lotário I ficaram conhecidos como Lotaríngia (Norte da Itália junto com a região entre os rios Ródano e Reno); e os territórios de Luís II, o Germânico, ficaram conhecidos como *Francia Orientalis*. O título imperial, contudo, não havia sido dividido e continuou objeto de disputas. A Lotaríngia desapareceu no século IX, sendo que a *Francia Ocidentalis* passou a ser chamada no século X de *Reino da França* enquanto a *Francia Orientalis* passou a ser nomeada de *Reino da Germânica*.

recebia apoio dos homens de saber e a oposição dos monges iconódulos mais radicais. Em 847, a Imperatriz Teodora interveio na nomeação do novo patriarca de Constantinopla, escolhendo o monge Inácio (797-877) para ocupar a cátedra.

Durante seu múnus como patriarca de Constantinopla (847-858), Inácio agiu de forma mais alinhada com os defensores da *akribeia*, depondo, no ano de 850, o arcebispo de Siracusa Gregório Asbesta (a quem Inácio já havia impedido de participar da sua cerimônia de consagração como patriarca). O Papa Leão IV (847-855) reprovou a atitude de Inácio de ter lhe enviado – juntamente com a comunicação oficial de sua ascensão à sé bizantina – um *pallium*[10], um gesto que os papas faziam aos novos metropolitas/arcebispos do Ocidente, mostrando a vinculação da jurisdição destes com a sé romana. O papado também reprovou a forma como Inácio procedeu com o arcebispo de Siracusa, sem haver consultado previamente a Sé Apostólica.

Inácio não foi reconhecido como legítimo patriarca constantinopolitano pelos papas Leão IV e Bento III (855-858) e foi deposto em 858 após ter entrado em conflito com Barda (?-866), tio do Imperador Miguel III, que havia ocupado o controle da corte em detrimento da imperatriz-mãe. Barda indicou como novo patriarca o leigo Fócio (c. 820-891), chefe da chancelaria imperial.

Fócio (que recebeu as ordens sacras em seis dias, alheio às normas canônicas) se pronunciou inicialmente de forma favorável ao patriarcado de seu antecessor deposto, mas diante do crescimento da oposição dos apoiadores de Inácio, mudou de postura. Em um concílio regional de 170 bispos reunidos na Igreja dos Santos Apóstolos da

---

10  O *pallium*/pálio é um tecido de lã, com formato semelhante ao de um cachecol, marcado com cruzes negras. É usado no Ocidente pelos arcebispos. Os bispos do Oriente usam uma veste semelhante com o nome de *omophorion*. Além de simbolizar o bom pastor levando as ovelhas sobre os ombros, o *pallium* no Ocidente representa a jurisdição dos arcebispos, por isso eles o recebiam do papa, para mostrar a supremacia da jurisdição de Roma sobre as demais metrópoles eclesiásticas.

cidade imperial, no ano de 859, Fócio declarou nulo o patriarcado de Inácio e depôs os bispos e clérigos "inacianos" (Perrone, 1995b).

No ano de 860, enquanto Fócio enviou o comunicado de sua elevação à sé constantinopolitana ao Papa Nicolau I, o Imperador Miguel III escreveu ao pontífice romano solicitando um concílio para tratar dos remanescentes iconoclastas e do patriarcado de Inácio. Os legados enviados por Nicolau I presidiram um sínodo em Constantinopla (abril a agosto de 861) no qual foi considerada inválida a eleição de Inácio à Sé de Constantinopla, com a promulgação de 17 cânones disciplinares que visavam impedir uma nova eleição episcopal de um leigo – como era o caso de Fócio (Perrone, 1995b).

Perrone (1995b) explica que o fato de Nicolau I não ter recebido resposta do Império Bizantino sobre as disputas em torno da jurisdição do Ilírico[11] pode ter influenciado a reação negativa do papa à questão inaciana-fociana, já que o dito pontífice desautorizou seus legados quando retornaram a Roma, não reconhecendo as decisões do sínodo constantinopolitano de 861. O papa escreveu ao imperador e aos demais patriarcas do Oriente informando sua posição em favor da legitimidade do patriarcado de Inácio e acusando Fócio de ser um usurpador. Em 863, um sínodo romano confirmou a legitimidade de Inácio, depondo e anulando os atos de Fócio.

A interferência do papa foi vista de forma negativa por grande parte da hierarquia eclesiástica bizantina, já que ela considerava a eleição patriarcal um problema interno da sé constantinopolitana. No ano de 865, Nicolau I e Miguel III trocaram correspondências, nas quais apareciam as divergências em termos de concepções eclesiológicas e mesmo diferenças culturais secundárias. O imperador defendia a

---

11 Naquela época, Roma e Constantinopla disputavam a jurisdição sobre as Igrejas da Bulgária, reino que havia sido evangelizado tanto por clérigos e monges de origem romana quanto de origem bizantina/grega. A localidade do Ilírico também favorecia essa ambiguidade, já que se encontrava próximo às fronteiras do Império Bizantino a leste e banhado pelo Mar Adriático (cuja costa estava sob jurisdição papal) a oeste.

autonomia da Igreja de Constantinopla, ao passo que o papa defendia a superioridade da sé romana sobre as demais sés patriarcais e sobre os concílios ecumênicos. Nicolau I também se comprometia a rever a querela da sé constantinopolitana na presença dos dois contendentes (Inácio e Fócio) ou de seus representantes. Entretanto, o conflito se acirrou devido aos problemas na Bulgária.

O *khan* dos búlgaros Bóris I (852-889) havia se convertido ao cristianismo em 864, um ano após o início da missão dos monges bizantinos Cirilo e Metódio na Morávia. Em 866, Bóris consultou o papa (após Fócio ter negado seu pedido de constituir um patriarcado autônomo na Bulgária) sobre várias questões de disciplina cristã, o que serviu como pretexto para que Nicolau I enviasse missionários romanos para as terras búlgaras. Como os novos missionários romanos criticavam práticas dos cristãos bizantinos, o Patriarca Fócio reagiu escrevendo uma carta aos patriarcas do Oriente na qual criticava algumas práticas da Igreja Romana, especialmente a adição da palavra *Filioque* no Credo niceno-constantinopolitano (Perrone, 1995b)[12].

Entre agosto e setembro de 867, Fócio presidiu um concílio regional em Constantinopla na presença dos Imperadores Miguel III e Basílio I (867-886)[13], em que se declarou a deposição do Papa Nicolau I. Conforme aponta Perrone (1995b), embora o Ocidente aceitasse o princípio de que ninguém dentro da Igreja poderia julgar um papa (*prima sedes a nemine iudicatur* – "a Sé Primeira não é julgada por ninguém"), o precedente da anatematização póstuma do Papa Honório pelo

---

12 Em algumas Igrejas do Ocidente, tornou-se comum o acréscimo na palavra *Filioque* (e do Filho) na parte do Credo que diz "...*et in Spiritum Sanctum [...] qui ex Patre [Filioque] procedit*" ("...e no Espírito Santo [...], que procede do Pai [e do Filho]..."). Os orientais acreditavam que isso violava os cânones dos primeiros concílios ecumênicos, que proibiam acréscimos ao credo niceno.

13 Basílio I iniciou seu reinado como coimperador ao lado de Miguel III em 867, mas mandou matar o imperador no mesmo ano, concentrando os poderes imperiais unicamente em sua pessoa.

terceiro concílio constantinopolitano fornecia argumento para a atitude de Fócio.

Em 23 de setembro de 867, após ordenar o assassinato de Miguel III, Basílio I buscou o apoio dos opositores do imperador anterior, o que fez com que a cátedra patriarcal de Constantinopla fosse restituída a Inácio. O imperador e o patriarca escreveram ao novo papa, Adriano II (867-872), solicitando a realização de um concílio ecumênico na capital imperial. Um concílio regional prévio foi celebrado na Basílica Vaticana (São Pedro), em Roma, em junho de 869, onde se renovou a deposição de Fócio e de seus apoiadores. O concílio papal impôs aos focianos que desejassem ser reintegrados à comunhão uma fórmula doutrinal (*Libellus satisfactionis*), na qual a sé romana era proclamada como a suprema instância dentro da Igreja tanto em nível doutrinal quanto disciplinar (Perrone, 1995b). No outono do mesmo ano, chegaram a Constantinopla o diácono Marino, o bispo Donato de Óstia e o bispo Estêvão, legados do Papa Adriano II.

O Concílio de Constantinopla IV ocorreu de 5 de outubro de 869 a 28 de fevereiro de 870. Foi celebrado na Basílica de Santa Sofia e presidido pelos representantes imperiais. O número de participantes variou de 25 nas sessões iniciais a 103 nas últimas sessões. Na primeira sessão (5 de outubro) estavam presentes apenas os clérigos fiéis a Inácio (5 metropolitas e 7 bispos), os representantes dos patriarcas ortodoxos[14] de Antioquia e Jerusalém e os 12 senadores representando o Imperador Basílio I. A ideia inicial dos legados papais era simplesmente confirmar os atos do sínodo romano de 869, mas os representantes imperiais, após a aprovação conciliar do *Libellus satisfactionis* do sínodo papal, sugeriram que Fócio apresentasse sua defesa perante o concílio. Segundo Perrone (1995b), o imperador e a corte – embora

---

14 É necessário frisarmos que, no Oriente, sob domínio muçulmano, já havia nas sés antioquena, alexandrina e hierosolimita dois patriarcas em cada: os patriarcas reconhecidos pelos fiéis católicos/ortodoxos que aceitavam os concílios ecumênicos de Calcedônia em diante e os patriarcas reconhecidos pelos miafisistas/não calcedonianos (coptas, siríacos, armênios).

apoiassem Inácio na cátedra patriarcal – desejavam uma reconciliação com Fócio e seus partidários.

Durante a segunda sessão, em 7 de outubro, o concílio reabilitou os bispos ordenados por Metódio e por Inácio que haviam se arrependido do apoio a Fócio. Na terceira sessão, do dia 11 de outubro, os legados papais concordaram em ouvir Fócio e seus partidários perante a assembleia conciliar. Na quarta e na quinta sessões, foram ouvidos primeiro os partidários do patriarca deposto e depois o próprio Fócio, que permaneceu em silêncio. Durante a sexta sessão, no dia 25 de outubro, os membros do concílio e os acusados debateram na presença do imperador, sendo que alguns bispos bizantinos questionavam o ponto de vista dos legados papais sobre as relações de poder entre o papa e os cânones conciliares.

Mesmo com vozes discordantes, o concílio acabou votando pela condenação de Fócio em sua presença durante a sétima sessão, em 29 de outubro. Na oitava sessão, de 5 de novembro, foram queimados os escritos focianos e os documentos do sínodo que o ex-patriarca havia presidido contra Nicolau I. Nessa mesma sessão foi redigido um documento dogmático reforçando a condenação dos iconoclastas. Depois da oitava sessão, o concílio foi interrompido temporariamente. Segundo Perrone (1995b), esse intervalo deveu-se aos descontentamentos de parte do clero bizantino com a assinatura do *Libellus* de Adriano II e ao desejo de ampliar o número de participantes conciliares com bispos vindos dos territórios de dominação islâmica.

No ano de 870, o quarto concílio constantinopolitano contou com mais duas sessões (12 e 28 de fevereiro). Na nona sessão, o concílio contava com 67 participantes, incluindo também o representante do patriarca de Alexandria. Nessa reunião foram confirmadas as decisões anteriores do concílio referente a Fócio, mas foi concedida também ao Patriarca Inácio a faculdade de reduzir as penas impostas aos que lhe haviam impugnado o patriarcado. A última sessão, que reunira 103 clérigos, teve também a participação de representantes do Rei Luís II, o Germânico (incluindo Anastácio Bibliotecário), e do *khan* Bóris I, da Bulgária. Nessa reunião foram promulgados 26 cânones mais uma profissão de fé resumindo os dogmas dos concílios precedentes (Perrone, 1995b).

O Concílio de Constantinopla IV pendeu para os objetivos do papado, que, ao confirmar as decisões do sínodo romano de condenação a Fócio, afirmava sua autoridade. Entretanto, isso não significou que a Igreja bizantina renegou sua tradicional aspiração à autonomia. Conforme aponta Perrone (1995b), apenas três dias após o encerramento do concílio, os representantes dos patriarcas orientais (que arbitravam a disputa entre Roma e Constantinopla pela Igreja Búlgara) atribuíram, na presença de Bóris I, a Igreja Búlgara à jurisdição bizantina. O próprio Inácio consagrou um arcebispo e alguns bispos búlgaros segundo os usos e ritos bizantinos. Adriano II reconheceu as decisões do concílio em uma carta de 10 de novembro de 871 ao Imperador Basílio I, na qual se discutiam os problemas da Bulgária. Em carta de 875, também o Papa João VIII (872-882) reconhecia a legitimidade do quarto concílio constantinopolitano.

A Igreja bizantina observou com flexibilidade as disposições do concílio, haja vista que empregou clérigos focianos nas missões em terras búlgaras. Em 876, Fócio se reconciliou com o Patriarca Inácio e, em 877, com a morte de Inácio, foi eleito para a cátedra constantinopolitana. Em 879, o Papa João VIII se dispôs a reconhecer o patriarcado de Fócio desde que ele se retratasse de seu governo anterior na sé constantinopolitana e entregasse a jurisdição da Igreja búlgara a Roma. Segundo Perrone (1995b), a mudança de postura do papa devia-se à necessidade de auxílio militar bizantino contra os sarracenos na costa italiana.

Para resolver a questão de Fócio, reuniu-se um novo concílio na Catedral de Santa Sofia, em Constantinopla, entre 17 de novembro de 879 e 13 de março de 880. Nesse concílio houve a presença de 378 bispos, os legados romanos e o representante do patriarca de Jerusalém. A presidência coube ao Patriarca Fócio. O novo concílio reabilitou Fócio e seus partidários, emanou normas que concediam maior autonomia canônica aos patriarcados (especialmente as normas de eleição episcopal e patriarcal), reconheceu a jurisdição romana sobre a Bulgária (com a condição de permitir a continuidade dos missionários bizantinos)[15] e reforçou a proibição de acréscimos ao Credo niceno-constantinopolitano (Perrone, 1995b).

Em 13 de agosto de 880, em carta ao imperador e ao patriarca constantinopolitano João VIII, Fócio reconheceu os resultados do concílio de 879-880 sem, contudo, considerar nulo o quarto concílio constantinopolitano, de 869-870. Embora não tenha havido um cisma após o Concílio presidido por Fócio, continuaram a existir tensões mal resolvidas entre as Sés de Roma e de Constantinopla, especialmente a respeito do alcance e da amplitude da jurisdição papal e do uso do *Filioque* em algumas Igrejas do Ocidente. É importante também frisar que foi somente por volta da década de 870 que a Igreja franca aceitou o Concílio de Niceia II (cujas condenações ao iconoclasmo foram repetidas no de Constantinopla IV).

Somente sob o pontificado de Gregório VII (1073-1085) o quarto concílio constantinopolitano foi mencionado claramente como o "oitavo concílio ecumênico". Entre os canonistas medievais, contudo, parece ter havido certa divergência dentro da Igreja latina sobre a ecumenicidade desse concílio constantinopolitano: Perrone (1995b) aponta que o canonista Graciano (século XII) e posteriormente o cardeal e historiador

---

15 A interferência de Bóris I fez com que a Igreja búlgara continuasse, na prática, mais sob a esfera bizantina, até que em 927, no reinado de Simeão I (893-927), Constantinopla reconheceu a autonomia da Igreja búlgara (Perrone, 1995b).

eclesiástico César Barônio (1538-1607) argumentam a favor da ecumenicidade do Concílio de Constantinopla IV, de 869-870, enquanto Bellitto (2010) afirma que um canonista medieval negava a validade do quarto constantinopolitano, argumentando que seus documentos não haviam sido assinados por Adriano II e que João VIII havia anulado esse concílio. No Oriente, reconheceu-se o concílio presidido por Fócio entre 879-880 como oitavo concílio ecumênico.

O Concílio de Constantinopla IV pode ser visto como um marco na história da Igreja e na história dos concílios em particular. Foi o primeiro que não foi aceito igualmente no Oriente e no Ocidente (até aquele momento, haviam ocorrido recepções em tempos diferentes entre a Igreja ocidental e a oriental, mas não divergentes), além de acentuar as diferenças eclesiológicas e canônicas entre Roma e Constantinopla. Enquanto a Igreja latina entendia que o papa tinha jurisdição universal e poderia intervir em decisões de outras Igrejas quando julgasse necessário, a Igreja bizantina defendia a autonomia dos patriarcados, considerando a intervenção do papa apenas em casos específicos, quando fosse previamente solicitada.

Os concílios da Antiguidade, que, em geral, preocuparam-se com definições dogmáticas, foram celebrados todos no Oriente, evidenciando a influência dos imperadores bizantinos e as disputas entre as grandes sés patriarcais. É interessante notar que, mesmo após a queda do Império Romano do Ocidente, muitos reinos bárbaros continuaram considerando o Império oriental uma referência de autoridade. Os reis bárbaros que recebiam títulos honoríficos de Constantinopla se viam como governantes em nome do Império (tanto que suas moedas, até o século VII, frequentemente traziam não a efígie do monarca bárbaro, mas a do imperador bizantino). Esse ideal começou a ruir com a renovação da ideia imperial no Ocidente sob Carlos Magno, no ano 800. No governo de seu império, Carlos Magno frequentemente misturava os assuntos políticos e religiosos, entendendo a sociedade do reino (formada majoritariamente por cristãos) como parte da Igreja, sendo por isso muitas vezes chamado de *rector Ecclesiae* (condutor da Igreja).[16]

No próximo capítulo, veremos como os concílios da Idade Média foram dotados de uma fisionomia ligeiramente diferente e tiveram uma mudança significativa em seu alcance. Os próximos concílios que estudaremos no terceiro e quarto capítulos foram reconhecidos como ecumênicos apenas pela Igreja Católica.

## Síntese

Neste capítulo, você estudou os dois concílios ecumênicos que foram celebrados durante os séculos VIII e IX. Foram os dois primeiros concílios a focarem em questões mais práticas do que doutrinárias (embora Niceia II envolvesse também uma fundamentação teológica). Vamos recapitular brevemente cada um desses concílios:

- Concílio de Niceia II (787): Foi convocado pela Imperatriz Irene (regente do Imperador Constantino VI) e presidido pelo Patriarca Tarásio de Constantinopla. Definiu a legitimidade dos ícones e imagens no culto cristão, discernindo a adoração a Deus da veneração a pessoas e coisas sagradas. Promulgou 22 cânones disciplinares.

- Concílio de Constantinopla IV (869-870): Foi convocado pelo Imperador Basílio I e presidido alternadamente pelos legados imperiais e papais. Restabeleceu Inácio na Sé patriarcal de Constantinopla, depondo Fócio e ordenando a queima de seus escritos.

Os sete primeiros concílios ecumênicos são aceitos igualmente pela Igreja Católica e Ortodoxa. As Igrejas miafisitas (coptas, siríacos,

---

16 Os reis bárbaros presidiam sínodos e concílios de seus reinos e intervinham em suas resoluções, de forma semelhante à dos imperadores bizantinos no Império. A diferença sob Carlos Magno é a sua aspiração à universalidade. As suas conquistas eram vistas como uma expansão do Reino de Deus, e em Roma, o papa rezava na liturgia pela vitória dos exércitos francos.

armênios e etíopes) aceitam apenas os três primeiros. A cristologia dos seis primeiros concílios ecumênicos é a base dos três grandes ramos da Reforma Protestante (luteranos, calvinistas e anglicanos). O Concílio de Constantinopla IV é aceito apenas pelos católicos, já que os ortodoxos consideram como concílio legítimo o presidido pelo Patriarca Fócio, em 879-880.

Como você pôde observar, os concílios que abordamos neste capítulo já evidenciavam uma tensão entre o Oriente (com maior influência da autoridade imperial nos assuntos eclesiásticos) e o Ocidente (onde a sé romana agia com maior autonomia).

## Atividades de autoavaliação

1. Qual foi o fundamento utilizado pelos iconódulos para justificar o uso de imagens no culto cristão?
   a) A remissão dos pecados.
   b) A Imaculada Conceição de Maria.
   c) A Ressurreição de Jesus.
   d) A Encarnação do Filho de Deus.
   e) A adoção dos costumes dos pagãos convertidos.

2. Sobre o iconoclasmo, marque V para as afirmativas verdadeiras e F para as falsas.
   ( ) Os iconoclastas rejeitavam qualquer representação de seres vivos em imagens.
   ( ) O iconoclasmo recebeu esse nome ("quebradores de imagens") pelo fato de destruírem os ícones encontrados nas igrejas.
   ( ) O iconoclasmo era contrário ao uso das imagens no culto religioso, mas não vetava as representações artísticas de seres vivos em outros contextos.
   ( ) O único símbolo admitido pelos iconoclastas no culto era a cruz.

Agora, assinale a alternativa que apresenta a sequência correta:
a) F, V, V, V.
b) V, V, F, V.
c) F, F, V, V.
d) V, V, F, F.
e) V, F, F, V.

3. Qual era a questão que opunha os seguidores de Inácio aos de Fócio na disputa pelo patriarcado de Constantinopla?
   a) Os termos *homoousios* e *homoiusios* acerca da substancialidade entre o Pai e o Filho.
   b) A *oikonomia* (adaptação) ou a *akribeia* (observância) acerca dos cânones disciplinares.
   c) A aceitação ou a rejeição do primado do bispo de Roma sobre a Igreja.
   d) A interferência do Imperador bizantino nos assuntos canônicos da Igreja.
   e) O direito do patriarca de Constantinopla em conferir o *pallium* ao papa de Roma.

4. Marque a alternativa que corresponde à verdadeira forma como o Concílio de Constantinopla IV foi recebido no Ocidente e no Oriente:
   a) O concílio foi recebido de igual forma no Ocidente e no Oriente, pois equilibrava o primado romano com a autonomia constantinopolitana.
   b) O concílio foi bem recebido no Ocidente, o que não ocorreu no Oriente.
   c) O concílio foi bem recebido somente no Oriente, pois negava o primado papal e o celibato clerical.

d) O concílio foi recebido com ressalvas no Oriente, por causa da condenação do patriarca Fócio.
e) O Ocidente aceitou o quarto concílio constantinopolitano de 869-870 como o oitavo concílio ecumênico, enquanto o Oriente considerou como oitavo ecumênico o concílio realizado por Fócio entre os anos de 879-880.

5. Que motivo levou o reino franco, por meio do Concílio de Frankfurt, a rejeitar inicialmente o Concílio de Niceia II?
a) A simpatia do rei Carlos Magno e do episcopado franco pelo iconoclasmo.
b) A rejeição de Carlos Magno em se submeter ao Império Bizantino.
c) As tensões entre Carlos Magno e o Papa Leão III.
d) A tradução latina imprecisa de alguns termos gregos do concílio.
e) O apoio dado pelos padres nicenos à heresia adonacionista.

## Atividades de aprendizagem

### Questões para reflexão

1. Converse com parentes ou amigos católicos e registre o entendimento deles acerca do uso de imagens no culto. Compare as impressões coletadas com as argumentações do Concílio de Niceia II.

2. De que modo o estudo da história do Concílio de Constantinopla IV pode contribuir no diálogo ecumênico com nossos irmãos ortodoxos?

### Atividades aplicadas: prática

1. Busque em *sites* ligados à Igreja Ortodoxa sobre Fócio e o Concílio de Constantinopla IV e observe como esses temas são abordados sob o ponto de vista ortodoxo.

2. Faça uma cronologia dos eventos do Concílio de Niceia II, identificando os períodos de predomínio do iconoclasmo ou da iconodulia no Império Bizantino.

# 3
# Os concílios da Idade Média: a normatização da cristandade[1]

---

[1] A edição da Bíblia utilizada para a elaboração deste capítulo é a da Editora Ave Maria (Bíblia..., 2011).

O século X foi particularmente difícil para a vida da Igreja no Ocidente. Foi um período de instabilidade política na Europa com o enfraquecimento da dinastia carolíngia e a continuidade das invasões sarracenas, magiares e nórdicas. Apesar de o surgimento da dinastia otônida, com o Rei Otto I (936-973), ter conferido maior estabilidade à Germânia com a derrota dos magiares, a situação da Itália continuava caótica devido aos conflitos internos das famílias da aristocracia local, o que se refletia no próprio papado, sendo que muitos indivíduos foram escolhidos para a Cátedra de São Pedro mais por critérios políticos ou vínculos de parentesco do que por critérios religiosos.

A instabilidade dentro da própria Igreja abriu brecha para que os monarcas otônidas (que haviam recebido o título imperial do papa a partir de 962[2]) interviessem frequentemente nos assuntos eclesiásticos, seja nas eleições pontifícias, seja na nomeação de bispos e abades nos territórios germânicos e lombardos.

Por essa época também se consolidava o que a historiografia chamou de "feudalismo", um sistema de pactos feitos entre a nobreza que regulava a política com base em acordos pessoais de colaboração mútua e concessão de benefícios baseados em juramentos.[3] O modo de administração feudal (a lógica do benefício) estendeu-se também à

---

[2] Esse império, que englobava os reinos da Germânia (Alemanha), Lombardia (norte da Itália), Boêmia (atual República Tcheca), Borgonha e o atual território da Suíça, ficou conhecido pela historiografia como o Sacro Império Romano-Germânico. Era uma monarquia eletiva (o rei germânico era eleito pelos príncipes – os nobres mais importantes – e depois recebia a coroa imperial do papa) dividida em principados e senhorios feudais (alguns governados por leigos, com linhagem hereditária; outros governados por príncipes-bispos, o que comportava a ausência de uma dinastia fixa nesses territórios). O fato de muitos bispos serem também senhores feudais favorecia a frequente interferência do imperador para nomeá-los, já que implicava ter o controle sobre quem governaria grande parte dos territórios vassalos do monarca.

[3] O pacto feudal consistia basicamente no seguinte: um nobre de maior grau concedia um benefício a um nobre inferior (geralmente um território, embora houvesse também outros tipos de benefícios). O nobre que concedeu o benefício (suserano) prometia ao seu novo subordinado (o vassalo) o benefício e a proteção militar em troca de ajuda material/militar e conselho quando solicitado. A maior parte dos exércitos do período feudal era de cavaleiros (baixa nobreza) vinculados por esse pacto, não consistindo, portanto, em exércitos profissionais. Naturalmente, esse sistema, derivado das divisões territoriais feitas por Carlos Magno e seus sucessores, foi se concretizando em um lento processo, encontrando sua forma definitiva entre os séculos XI e XIV.

Igreja, e muitos monarcas e senhores feudais passaram a tratar as igrejas locais (abadias, mosteiros, paróquias, catedrais) e seus bens como um benefício o qual poderiam administrar ou mesmo deles dispor como bem entendessem. Esse fenômeno ficou conhecido como "feudalização da Igreja".

Por volta do final do século X e início do século XI, um movimento cujo grande expoente foram os monges beneditinos ligados à Abadia de Cluny (França) buscou combater os abusos da feudalização eclesiástica restringindo a intervenção leiga nas eleições da Igreja, bem como aumentando efetivamente o poder papal. Esse movimento ficou conhecido como "Reforma Gregoriana" (em referência ao Papa Gregório VII). O anseio dos reformadores por expandir a liturgia romana como sinal de forte vinculação à sé pontifícia e o seu combate ao nicolaísmo (concubinato praticado por clérigos) evidenciou os desentendimentos com a Igreja bizantina, na qual nunca foi questionada a ordenação diaconal e presbiteral de homens casados, assim como era aceita certa interferência do imperador nos assuntos da Igreja. Em 1054, os legados do Papa Leão IX (1049-1054) e os representantes do patriarca de Constantinopla haviam se excomungado mutuamente, episódio que é considerado o início do "Cisma do Oriente" (separação entre a Igreja Católica Romana e a Igreja Ortodoxa).[4]

A Igreja Romana no século XI estabeleceu a norma de eleição papal por meio do Colégio dos Cardeais (buscando diminuir a influência do imperador nas eleições). Isso fez com que crescessem o poder e a influência dos cardeais no Ocidente, onde o papa era o único patriarca. Dessa forma, veremos que grande parte dos concílios medievais

---

4  O cisma só se concretizou, de fato, no século XIII, quando Roma e Constantinopla buscaram sem sucesso fórmulas doutrinais comuns (o que demonstrava que já não comungavam das mesmas crenças com relação a uma série de aspectos). Outro elemento importante é que, desde os tempos de Fócio até 1054, pesavam igualmente questões de diferença de doutrina (o *Filioque*, a jurisdição papal) com diferenças culturais e rituais (liturgia, costumes etc.). As tentativas de união fracassadas da Idade Média tiveram como saldo positivo o reconhecimento da legítima diversidade cultural.

reconhecidos como ecumênicos pela Igreja Católica foram celebrados sob a presidência do papa assessorado por seus cardeais. Isso evidencia uma concepção eclesiológica de caráter mais monárquico, consequência da Reforma Gregoriana. Os primeiros concílios medievais foram, como veremos, celebrados na Basílica de São João de Latrão, a catedral do bispo de Roma.

Conforme Alberto Melloni (1995), nos concílios antigos (celebrados no Oriente sob influência dos imperadores romanos/bizantinos) o critério para conferir "ecumenicidade" era a participação de todos os patriarcas ou seus representantes e uma certa aceitação unânime baseada na referência aos concílios precedentes. Por outro lado, nos concílios medievais, o critério de universalidade era visto pela comunhão com a Igreja Romana, representada pelo papa e pelos cardeais. Também ao conjunto dos bispos e arcebispos juntaram-se abades e superiores de ordens religiosas, além de reis e príncipes ou seus representantes. Também é sintomático o fato de que durante o medievo se preferiu a nomenclatura *Concílios gerais* ou *Sínodos universais* a *Concílio ecumênico*, categorização que foi conferida a esses concílios medievais somente nos séculos XV e XVI, no contexto dos debates conciliaristas e na apologética antiprotestante (Melloni, 1995). Com base nessas diferenças, Melloni (1995) recusa-se a reconhecer esses concílios como propriamente ecumênicos, entretanto, baseados na prática da Igreja Católica e na concepção sobre a autoridade papal e conciliar emanadas no Vaticano II e no recente Código de Direito Canônico, podemos afirmar que a Igreja ainda considera tais concílios como ecumênicos.

Para entendermos também esse período, devemos compreender o conceito de *Christianitas* ("Cristandade"), que se refere, de forma geral, ao conjunto de reinos e sociedades cristãs. No Ocidente medieval, *Christianitas* seriam os territórios católicos, vistos como uma grande monarquia encabeçada pelo papa. Assim, o papa passou a ser visto também como um ordenador da sociedade e um árbitro entre os governos da cristandade.

## 3.1 Os Concílios de Latrão I (1123), Latrão II (1139) e Latrão III (1179)

Conforme aponta Melloni (1995), os papas alinhados com a "Reforma Gregoriana" reuniram vários sínodos, sob a presidência do papa, que tiveram uma estrutura fortemente jurídica. Esses sínodos buscavam ordenar a sociedade cristã, tratando principalmente de questões disciplinares. Vejamos brevemente alguns deles no quadro a seguir.

Quadro 3.1 – Sínodos papais dos séculos XI e XII

| | |
|---|---|
| Leão IX (1049-1054) | Sínodos de Pavia e Reims (1049) e Roma (1050). |
| Nicolau II (1059-1061) | Sínodo de Roma (1059). |
| Gregório VII (1073-1085) | Sínodo quaresmal de Roma, com a presença de abades (1075 e 1078). |
| Urbano II (1088-1099) | Sínodo em Placência e Clermont (1095) e Nimes (1096). |
| Calixto II (1119-1124) | Concílios regionais de Tolosa e Reims (1119). |

Além da questão mencionada anteriormente sobre a restrição da eleição pontifícia aos cardeais e o combate ao nicolaísmo, os papas reformadores também visavam acabar com o chamado *conflito das investiduras* ou *querela das investiduras*. Os imperadores romano-germânicos, desde os tempos da dinastia otônida (século X), haviam praticado a nomeação e investidura de bispos em territórios germânicos e italianos. O papado visava restaurar o costume da eleição episcopal pelo clero de cada bispado. O problema maior era visto pelo ato de os imperadores, na cerimônia de ordenação de um novo bispo, investir o novo ordenado com a entrega do báculo e do anel, símbolos da jurisdição eclesiástica[5]. Tal questão foi resolvida pelo Papa Calixto II e pelo Imperador Henrique V (1111-1125) na Concordata da dieta[6] de Worms (na Alemanha), em 1122, que permitiu a investidura com o cetro de bispos que fossem vassalos imperiais, mas restringia a investidura do báculo e do anel aos bispos e arcebispos.

O Concílio de Latrão I, ou primeiro concílio lateranense, reuniu-se de 11 a 27 de março de 1123, em uma sala anexa à Basílica de Latrão, sob a presidência do Papa Calixto II. Além de confirmar as medidas adotadas ao longo do século XI pelos sínodos papais, essa reunião conciliar tratou do conflito entre as jurisdições dos bispados e mosteiros, da canonização de São Conrado, da proteção aos bens da Igreja e dos benefícios espirituais e materiais que seriam concedidos aos peregrinos e cruzados[7]. Foi também nesse concílio que se universalizou para a Igreja latina o costume de não ordenar para o clero homens casados. Promulgou ao todo 22 cânones (Bellitto, 2010; Melloni, 1995; Thomas, 2000).

O Concílio de Latrão II foi reunido entre 3 e 19 de abril de 1139, tendo se iniciado pouco após a morte do antipapa Anacleto II (1131-1138). Novamente na Basílica Lateranense, haviam se reunido cerca

---

5 Os bispos nomeados pelos imperadores frequentemente tinham uma dupla jurisdição: a feudal (na condição de vassalos do imperador, como senhores de determinado feudo/território) e a episcopal (na condição de bispos ou arcebispos, tinham jurisdição sobre igrejas, paróquias e mosteiros e os respectivos fiéis). A investidura feudal era representada pela entrega de um cetro (simbolizando o poder temporal do bispo vassalo) pelo monarca. A investidura episcopal era representada pela entrega do báculo e do anel, ordinariamente feita pelo arcebispo que presidia a liturgia de ordenação episcopal.

6 *Dieta* era o nome dado às assembleias de nobres, prelados e outros representantes do Império, sob a presidência do imperador romano-germânico.

7 As cruzadas foram movimentos que misturavam peregrinação e expedições militares, cujo objetivo era obter o domínio da Terra Santa (Palestina, sob domínio muçulmano). Em 1099, um grupo de cruzados normandos e franceses conseguiu conquistar as principais cidades palestinas, formando um reino Cristão de Jerusalém. Entretanto, os constantes ataques de diferentes povos muçulmanos fizeram com que, ao longo dos séculos XII e XIII, fossem convocadas várias cruzadas para se tentar retomar territórios perdidos ou conquistar novos territórios de importância estratégica.

de 100 bispos e um representante do patriarca latino de Antioquia[8]. A presidência coube ao Papa Inocêncio II (1130-1143). Além de declarar nulas as ordenações feitas por Anacleto II, o concílio tratou da jurisdição dos patriarcas do Oriente, da canonização do abade Sturni de Fulda, da confirmação (com acréscimos mais esclarecedores) dos cânones do Concílio de Latrão I, da conduta dos clérigos e monges, de questões litúrgicas e de algumas heresias menores (Bellitto, 2010; Melloni, 1995).

Conforme aponta Melloni (1995), as décadas seguintes ao segundo concílio lateranense foram marcadas por mudanças, como a compilação do Direito Canônico feita pelo monge camaldulense Graciano, na década de 1140 (*Decretum Gratiani*), pelo acirramento dos conflitos entre o Papado e o Sacro Império Romano-Germânico pela tutela das cidades italianas, bem como pelo surgimento de novas heresias que tinham um caráter fortemente anticlerical e antissacramental.

O Concílio de Latrão III se reuniu na sala anexa à Basílica de Latrão em três sessões, entre 5 e 22 de março de 1179, sob a presidência do Papa Alexandre III (1159-1181). Participaram cerca de 300 membros vindos de várias regiões da Europa Ocidental, Hungria, Boêmia, Polônia e do Reino Latino de Jerusalém. Conforme aponta Melloni (1995), o terceiro concílio lateranense se destacou pelo predomínio do Direito Canônico e pela divisão dos trabalhos conciliares em diferentes comissões. Esse concílio recebeu os documentos papais (cartas e normas jurídicas), sob o nome de *decretais*, como um instrumento canônico com peso igual ao dos cânones conciliares. O discurso inicial da assembleia conciliar comparava o papa e os membros do concílio com uma corte régia, enfatizando o ideal da eclesiologia monárquica.

Os cânones trataram das ordenações cometidas pelos cismáticos que haviam aderido ao antipapa nomeado pelo imperador germânico

---

8 Com a conquista de territórios na Síria e na Palestina pelos cruzados no século XI, instituíram-se clérigos de rito latino para exercerem o patriarcado em Jerusalém e Antioquia.

Frederico I Barbarossa (1155-1190), da conduta do clero e da proibição da usura. Também se ordenou a construção de escolas nas catedrais para o ensino dos pobres e a formação dos clérigos, além de proibir a cobrança pela docência. Foi determinado que as próximas eleições papais deveriam ter dois terços dos votos para serem legitimadas. Estabeleceram-se penas para os que combatiam em torneios[9]. Uma das decisões mais importantes de Latrão III, contudo, foi a condenação dos hereges valdenses[10] e cátaros (albigenses)[11], seguida da exortação à colaboração dos poderes seculares no combate aos heréticos. Essas condenações abriram espaço para o ideal de cruzada contra os heréticos, em moldes semelhantes às cruzadas que se faziam no Oriente (Bellitto, 2010; Melloni, 1995; Thomas, 2000).

Segue um resumo dos cânones do lateranense III:

Cânones

1. Somente os cardeais têm o direito de eleger um papa e a eleição deve ser uma maioria de dois terços.
2. Se qualquer candidato aceitar a eleição na qualidade de papa com menos que dois terços da maioria, ele e seus partidários devem ser excomungados.
3. Todos aqueles que foram ordenados por hereges como Otaviano, Guy de Crema e João de Struma deveriam ser reordenados, uma vez que a ordenação deles não era válida.

---

9 Antes dos séculos XIII e XIV, os torneios não eram as justas (duelos entre dois cavaleiros com lanças sem pontas visando apenas a derrubada do adversário), mas combates de equipes de cavaleiros nos quais se usavam armas reais, resultando em muitas mortes. A Igreja associava essa prática à vaidade e ao pecado de homicídio, razão pela qual impunha severas penas aos que tomavam parte nesses torneios. Sobre esse tema, ver Costa e Zierer (2008).

10 Os valdenses foram um movimento constituído em torno de Pedro Valdo, iniciado na cidade de Lyon, na França, por volta de 1176. Inicialmente, pregavam uma vida simples e pobre, mas com o tempo desenvolveram uma doutrina avessa ao clero e à hierarquia da Igreja. Negavam que a Igreja Romana após Constantino continuasse sendo a Igreja de Cristo. Eram contrários ao juramento e à pena capital. Espalharam-se pela França e pelo norte da Itália (Falbel, 2005).

11 Os cátaros surgiram na região do Languedoc, na França. Professavam uma doutrina dualista (acreditavam em um deus bom, espiritual, e em um deus mal, criador da matéria). Formaram uma hierarquia paralela à da Igreja. Difundiram-se na França e na Itália principalmente (Falbel, 2005).

4. Ninguém deveria ser ordenado bispo antes de completar trinta anos de idade.
5. Nenhum padre deveria ser designado pastor antes de alcançar a idade de 25 anos.
6. Nenhum bispo deveria onerar pastores durante sua visita canônica às paróquias. Nenhum bispo deveria levar mais de quarenta cavalos durante sua visita.
7. Era proibido ordenar uma pessoa sem proporcionar-lhe apoio material.
8. Castigos eclesiásticos, especialmente excomunhão, deveriam ser a última forma de punição visto que todas as outras formas já haviam sido utilizadas.
9. Não deveria ser cobrada taxa para sepultamento, bênção de matrimônios ou para a celebração de qualquer outro sacramento.
10. As ordens militares dos templários e hospitalários deveriam seguir suas próprias regras.
11. Os clérigos eram proibidos de receber mulheres em suas casas ou de visitar instituições de freiras.
12. Toda Catedral tinha de estabelecer uma escola para o clero pobre.
13. Excomunhão era o castigo para aqueles que pegassem dinheiro dos fiéis sem conhecimento do bispo ou pastor.
14. Torneios eram proibidos.
15. Bispos tinham de estabelecer asilos para leprosos.
16. Os cristãos eram proibidos de fornecer ajuda aos sarracenos para construir galés.
17. Reis e príncipes eram obrigados a lutar contra heresias. (Thomas, 2000, p. 90-91)

Como podemos ver, o terceiro concílio lateranense lançou as bases para o *modus operandi* da Igreja no combate aos heréticos que se desenvolveria nos séculos seguintes até o período das Reformas Protestantes.

## 3.2 O Concílio de Latrão IV (1215)

O pontificado do Papa Inocêncio III (1198-1216) foi o auge do poder temporal do papado. Conforme o ideal de "monarquia papal", o referido pontífice buscou atuar como um árbitro da cristandade. Inocêncio III continuou a prática de seus antecessores de promulgar decretais para organizar a *societas christiana* (sociedade cristã) da Europa Ocidental. Interferiu em vários assuntos importantes dos reinos europeus (Barbosa; Souza, 1997), especialmente logrando a eleição de um candidato guelfo ao trono imperial germânico, Otto IV (1209-1215), bem como assumindo a tutoria do jovem pretendente ao império, Frederico Hohenstaufen[12]. Foi também sob seu pontificado que se deu a primeira aprovação das novas ordens religiosas mendicantes[13] dos Frades Menores (franciscanos) e Frades Pregadores (dominicanos).

O quarto concílio lateranense foi convocado em 19 de abril de 1213 e reuniu-se entre 11 de novembro a 30 de novembro de 1215, contando com cerca de 404 bispos, incluindo alguns da Europa Oriental e também representantes dos monarcas da cristandade e um número maior de abades e presbíteros. Foi presidido pelo Papa Inocêncio III, na Basílica de Latrão. Teve somente três sessões (11, 20 e 30 de novembro). O concílio tratou de alguns temas doutrinais, como a condenação de algumas teses do abade cisterciense Joaquim de Fiore[14] (1132-1202) e a renovação das heresias condenadas no terceiro lateranense, além da

---

12  Quando Otto IV entrou em conflito com o papado por conta de pretensões territoriais em terras pontifícias, Inocêncio III passou a apoiar a candidatura de Frederico Hohenstaufen (Diehl; Fernandes, 2017).

13  As novas ordens foram chamadas de *mendicantes* porque, diferente das ordens monásticas (beneditinos, cistercienses, cartuxos etc.), que viviam de uma rotina reclusa de oração e trabalho (produzindo os próprios meios de seu sustento nas terras do mosteiro), os mendicantes focavam sua atuação na pregação e viviam de doações.

14  O Concílio, contudo, fez a ressalva de não condenar a pessoa de Joaquim de Fiore, salientando que ele havia submetido seus escritos ao juízo da Igreja.

utilização da palavra *transubstanciado* (*transubstantiatis*) para descrever a mudança do pão e do vinho eucarísticos no Corpo e no Sangue de Cristo.

A seguir, citamos um trecho da profissão de fé do concílio lateranense IV, que enfatiza a doutrina sobre a Igreja Católica como sendo a verdadeira Igreja de Cristo, além de confirmar a santidade e a eficácia dos sacramentos:

> Ora, existe uma Igreja universal dos fiéis, fora da qual absolutamente ninguém se salva, e na qual o mesmo Jesus Cristo é sacerdote e sacrifício, cujo corpo e sangue são contidos verdadeiramente no sacramento do altar, sob as espécies do pão e do vinho, pois que, pelo poder divino o pão é transubstanciado no corpo e o vinho no sangue; de modo que, para realizar plenamente o mistério da unidade, nós recebemos dele o que ele recebeu de nós. Este sacramento, não pode produzi-lo absolutamente ninguém senão o sacerdote que tenha sido regularmente ordenado, segundo <o poder d> as chaves da Igreja que o mesmo Jesus Cristo concedeu aos apóstolos e aos seus sucessores.
>
> Quanto ao sacramento do batismo (que se celebra na água invocando a indivisa Trindade, Pai e Filho e Espírito Santo): devidamente conferido, por quem quer que seja, na forma da Igreja, tanto a crianças como a adultos, leva à salvação.
>
> E se alguém, depois de ter recebido o batismo, caiu novamente em pecado, pode sempre ser regenerado mediante uma verdadeira penitência. Não somente as virgens e aqueles que observam a continência, mas também as pessoas casadas que procuram agradar a Deus com reta fé e vida honesta, merecem chegar à eterna beatitude. (Denzinger, 2007, p. 284)

Além de várias normas relativas à conduta do clero e à autenticidade das relíquias de santos, os 70 cânones do Latrão IV trataram da obrigação da confissão anual dos fiéis leigos aos párocos, do preceito da obrigatoriedade da comunhão pascal, da comunhão com a Igreja bizantina[15] e dos procedimentos do poder secular/civil com relação aos judeus e heréticos. Se, por um lado, os preceitos da confissão e da comunhão perduram na Igreja até hoje, a maneira de atuar com a Igreja bizantina, com os judeus e os hereges pertence a um *modus operandi* muito próprio daquele tempo peculiar.

A noção de comunhão expressa pelo quarto concílio lateranense era ainda muito próximo ao modelo da Reforma Gregoriana: a submissão às jurisdições eclesiásticas latinas. Embora já houvesse no concílio de 1215 uma tolerância para com as diferenças rituais dos cristãos gregos (bizantinos), os cânones ainda proibiam a existência de jurisdições de diferentes ritos, estando os cristãos gregos submetidos aos bispos, arcebispos e patriarcas latinos (Bellitto, 2010; Melloni, 1995; Thomas, 2000). Além disso, os acontecimentos da IV Cruzada faziam com que a recepção entre os cristãos bizantinos ao que vinha de Roma fosse sempre de grande rejeição.

A relação com judeus e muçulmanos era diferente. Embora os seguidores do judaísmo e do Islã que vivessem em domínios cristãos pudessem praticar seus ritos privadamente (em casas ou edifícios reservados para o culto), restringia-se a propagação de suas ideias religiosas

---

15   Desde 1204 o Império Bizantino estava nas mãos do conde Balduíno IV de Flandres (1194-1205), que se proclamou Balduíno I (1204-1205) do Império Latino de Constantinopla. Uma série de conflitos e interesses políticos havia desviado a IV Cruzada do objetivo original de atacar o poderio muçulmano do sultanato aiúbida do Egito, mudando o objetivo dos cruzados para Constantinopla. Envolvidos nas disputas internas pelo trono bizantino, os cruzados acabaram por invadir, saquear e submeter Constantinopla e os territórios adjacentes aos seus domínios. Embora Inocêncio III tenha excomungado os participantes da IV Cruzada após terem saqueado (a pedido do Doge Enrico Dandolo de Veneza) a cidade portuária cristã de Zara na Croácia (1202), acabou reconhecendo o Império latino de Jerusalém e o patriarcado latino de Constantinopla por acreditar que o domínio latino da região poderia facilitar o retorno dos bizantinos à comunhão romana. Entretanto, os acontecimentos consequentes da IV Cruzada produziram um efeito contrário, prejudicando as relações entre Roma e Constantinopla (Marín Riveros, 2008). Os problemas que elencamos não impediram que o quarto concílio lateranense estabelecesse a convocação de uma nova cruzada contra os muçulmanos.

e que exercessem poder sobre os cristãos[16]. Por isso, proibia-se àqueles que tivessem empregados ou servos cristãos, bem como seu acesso a cargos públicos e de governo. Por outro lado, esses grupos restritos tinham muitas vezes comunidades semiautônomas, com representantes próprios (geralmente seus líderes religiosos) ligados a monarcas e autoridades citadinas. O quarto concílio lateranense estabeleceu marcas para os judeus usarem em suas vestimentas, com o objetivo de gerar uma identificação fácil, dificultando o casamento misto entre um indivíduo de fé cristã e outro de fé judaica[17].

Diferente era o caso dos heréticos. Considerados dissidentes ou rebeldes dentro da Igreja, os hereges eram vistos como perigosos para a ordem religiosa e social. Por isso, o concílio estabeleceu a obrigatoriedade de colaboração dos poderes seculares com a Igreja na busca, averiguação, condenação e punição dos hereges (Gonzaga, 1993).

O período curto do último concílio de Latrão pode parecer discrepante com o seu grande número de cânones (maior do que todos os outros concílios anteriores). Entretanto, isso reflete a nova estrutura jurídica da Igreja, pautada em um Direito Canônico que lidava com vários aspectos da vida religiosa e social, inspirada nas renovações dos estudos do Direito Romano nas escolas urbanas e universidades europeias a partir do século XII. Muitos dos cânones simplesmente

---

16  Para grande parte da teologia e a ciência canônica dos séculos XI a XIII, o domínio jurídico nas sociedades cristãs provinha de Deus por meio da Igreja. Por isso, considerava-se legítima somente a jurisdição exercida por cristãos.

17  Essas regras existiam de forma semelhante nos califados, sultanatos e reinos muçulmanos, com a diferença de que os judeus e cristãos sob domínio muçulmano deveriam pagar um imposto *per capita* pela permissão de suas práticas religiosas. A lembrança dos acontecimentos do século XX pode nos chocar com relação a essas medidas, entretanto, isso estava de acordo com a mentalidade da época, que desconhecia a igualdade jurídica dos indivíduos (um reino era composto de várias comunidades semiautônomas e no qual o rei ou outra autoridade era o árbitro e garantia as autonomias peculiares de cada comunidade). Para o trato das minorias religiosas em reinos cristãos e muçulmanos medievais, ver Gonzaga (1993, p. 65-84) e Stillman (2003, p. 101-119). Havia outro componente que contribuía para a restrição de liberdades das comunidades de outras religiões: os seguidores da religião minoritária em muitos momentos eram vistos como poter ciais colaboradores com reinos vizinhos, em que aquela religião fosse majoritária.

repetiam regras já emanadas pelas decretais pontifícias, realçando o primado legislador do papa. Inocêncio III encerrou seu pontificado no ano seguinte ao quarto concílio lateranense como o árbitro ordenador de toda a cristandade latina e parte da cristandade grega. Entretanto, seu projeto de suserania papal sobre o Império e os reinos europeus foi desafiado pelo seu próprio preceptor e candidato ao trono imperial, Frederico II (1220-1250).

## 3.3 Os Concílios de Lião I (1245), Lião II (1274) e Vienne (1311-1312)

Os dois concílios lionenses e o celebrado em Vienne seguiram em grande parte a formatação dos concílios papais lateranenses. Esses três concílios, contudo, se reuniram por objetivos bem específicos. Lião I abordou o conflito com o Imperador Frederico II Hohenstaufen, enquanto Lião II tratou de uma tentativa de reunião com a Igreja bizantina e Vienne lidou com os conflitos com o Rei Filipe IV da França, a ordem templária e as disputas internas entre os franciscanos.

O contexto do primeiro concílio lionense está ligado aos problemas políticos do Sacro Império Romano-Germânico iniciados sob o pontificado de Inocêncio III. Desde o século XII, os papas e os imperadores disputavam o controle da Lombardia (Itália do Norte), cujas cidades começavam a adquirir autonomia do Império por volta do mesmo período. Como o papado dominava os territórios centrais da Itália (o "Patrimônio de São Pedro"), havia o interesse de diminuir o controle do imperador sobre a Lombardia, a fim de, por meio de um território autônomo distante das hostes imperiais, resguardar a independência do papado. Com o mesmo objetivo, o papado via com preocupação que membros do Sacro Império assumissem o trono do Reino da Sicília (Itália meridional e ilha da Sicília).

Por esses motivos, o papa havia obrigado Frederico Hohenstaufen, sob juramento, a renunciar ao trono siciliano em favor de seu filho como condição para receber a coroa do Império. Ao assumir o trono imperial, Frederico não cumpriu sua parte do acordo. Além do mais, o monarca Hohenstaufen articulava conexões políticas para se apossar do trono do Reino Latino de Jerusalém. Derrotou a liga das cidades lombardas, ameaçando entrar com seus exércitos em Roma, território papal. Esses gestos foram vistos como afronta pelo Papa Gregório IX (1227-1241), que o excomungou em 1239. O papa planejou um concílio para se reunir em Roma na páscoa de 1241, mas Frederico pagou ao Duque de Pisa para interceptar os navios genoveses que levavam parte dos bispos para o concílio. Com a morte de Gregório, o concílio acabou não se realizando (Thomas, 2000).

Após o curto pontificado de Celestino IV (out.-nov. 1241), Inocêncio IV (1243-1254) intimou o imperador a se explicar acerca da sua excomunhão. Entretanto, como Inocêncio temia ser feito prisioneiro por Frederico, refugiou-se na cidade de Lião (Lyon), na França, em 1244, convocando um concílio geral para aquela localidade (Barbosa; Souza, 1997).

Inocêncio IV presidiu os 144 bispos reunidos no Concílio de Lião I, inaugurado em 28 de junho de 1245 e celebrado em duas sessões (5 e 17 de julho) na catedral de São João Batista, em Lião. Em seu discurso inaugural, o papa mencionou, em uma alegoria às chagas de Cristo, as cinco chagas da Igreja de seu tempo: o relaxamento nos costumes e na conduta dos cristãos, a perda de Jerusalém para os muçulmanos (havia sido retomada dos cruzados de Frederico II em 1244), o cisma do Oriente, a conduta do Imperador Frederico II e o avanço dos tártaros na Europa oriental (Melloni, 1995; Thomas, 2000). No fundo, sua principal medida foi a excomunhão e a deposição do Imperador Frederico.

Frederico, que não compareceu ao concílio, foi julgado nas primeiras sessões e sua deposição foi sancionada na última sessão, do dia 17 de julho, sob a acusação de perjuro e violência para com as autoridades da Igreja. A deposição era acompanhada de uma liberação, por meio da autoridade papal, do juramento de fidelidade que prendia os nobres e príncipes que eram vassalos de Frederico. Embora essa deposição não tenha se concretizado na prática, ela obrigou o imperador a se concentrar em firmar sua autoridade em terras germânicas e italianas, buscando evitar que os concorrentes ao trono se aproveitassem do fim do dever de fidelidade. No mesmo concílio, foi também deposto o Rei Sancho II de Portugal sob a acusação de ser um *rex inutilis* ("rei inútil")[18].

Segue o trecho da deposição de Frederico II:

> Em face do exposto, nós, ainda que indigno, na condição de Vigário de Cristo na terra e a quem nos foi dito, na pessoa de Pedro, tudo o que ligares na terra etc., comprovamos e declaramos que o citado príncipe Frederico, considerando ainda que cometeu outros crimes nefandos, se tornou indigno de toda a honra e dignidade real e imperial, sendo privado por Deus de tais privilégios e do poder de reinar e imperar. E, após deliberação criteriosa do Concílio acerca da questão, apomos a nossa sentença de destituição e libertamos para sempre todas as pessoas que lhe estão ligadas por força do juramento de fidelidade ou por outro idêntico, e proibimos firmemente, pela autoridade apostólica, que lhe prestem obediência, de ora em diante não a considerando já como Rei e Imperador, e para isso decretamos que será imediatamente excomungado aquele que lhe prestar conselho, auxílio ou favor, como se ainda continuasse a exercer os poderes régio e imperial. E àqueles a quem no Império compete eleger outro Imperador, que o façam livremente. Quanto

---

18  Para mais informações sobre a deposição de Sancho II, ver Couto (2015, p. 69-121).

ao referido reino da Sicília, aconselhado pelos nossos irmãos, cuidaremos de indicar um Rei para o mesmo, segundo nos parecer mais conveniente. (Inocêncio IV, citado por Barbosa; Souza, 1997, p. 121)

O Concílio Lionense I aprovou 22 cânones, que versavam sobre disciplina interna da Igreja, administração e concessão de benefícios eclesiásticos, convocando os príncipes cristãos para auxiliarem o Império latino de Constantinopla e os cruzados, entre outros.

No dia 25 de agosto, Inocêncio IV enviou cópias dos documentos conciliares para as universidades, e sua inserção nas compilações, coleções e comentários do Direito Canônico medieval foi a forma de recepção que essa assembleia conciliar teve dentro da Igreja no Ocidente.

Mesmo após a morte de Frederico II em 1250, o papado continuou mantendo conflitos com os descendentes do Imperador Hohenstaufen que pretendiam governar o Reino da Sicília. O receio pela permanência da linhagem de Frederico no trono de um reino que era considerado feudo pontifício fez com que o papado buscasse fora da Itália um novo candidato para a coroa siciliana entre as famílias régias da cristandade. Por volta de 1260, a escolha recaiu sobre o Conde Carlos de Anjou (1226-1285), irmão mais novo do Rei São Luís IX (1226-1270) da França. Carlos se assenhorou de seu novo reino em 1266 (Diehl; Fernandes, 2017). Alguns indivíduos de procedência francesa ou aliados políticos do rei da França ou do Conde de Anjou foram eventualmente eleitos ao papado e nomearam vários cardeais franceses e de outras localidades com o intuito de diminuir o poder dos italianos no Sacro Colégio.

O século XIII foi um período em que os reis se encontravam mais fortalecidos e com uma centralização de poder maior de seus reinos, favorecida por certa unificação da justiça e das finanças promovida por juristas formados nas universidades (especialmente na de Bolonha). A Itália, por outro lado, encontrava-se bastante fragmentada. No norte, as cidades independentes disputavam entre si as áreas de influência e o controle comercial, insufladas também pelas rivalidades entre os grupos guelfos (partidários do papado) e gibelinos (partidários do imperador). Em Roma, além da existência dos conflitos entre esses dois partidos, havia a rivalidade entre as famílias da aristocracia local, que disputavam não só os cargos da cidade como também posições no Colégio dos Cardeais e na Cúria Papal.

No Oriente, a situação do Reino de Jerusalém estava cada vez mais frágil. Entre as décadas de 1250 e 1260, uma dinastia de escravos muçulmanos turcos tomou o poder no Egito, formando o Sultanato Mameluco, que se mostrava forte perante as poucas cidades cristãs que ainda restavam na Palestina e na Síria. O Império Latino de Jerusalém havia caído em 1261 sob os exércitos dos bizantinos remanescentes em Niceia, restaurando assim o Império Bizantino em Constantinopla. Em 1270, o Rei Luís IX de França morreu vitimado pela peste durante o cerco de Túnis, encerrando a última grande expedição de cruzada para o Oriente.

Carlos de Anjou estava no auge de seu poder, tendo sob seus domínios os condados de Provença, Maine e Forcalquier e o Reino da Sicília, além dos títulos de senador romano, rei de Jerusalém e da Albânia e regente da Acaya. O rei muçulmano de Túnis lhe pagava tributos (Diehl; Fernandes, 2017). Em 1271, foi eleito papa o Arcebispo Teobaldo Visconti, homem que havia estado nos territórios cristãos da Síria e da Palestina. Conhecedor da realidade enfrentada pelos cristãos no Oriente, nutria uma grande preocupação pela continuidade das cruzadas.

Em 1272, o Papa Gregório X enviou quatro franciscanos ao Oriente para negociarem com o imperador bizantino Miguel VIII Paleólogo (1259-1282) a união das Igrejas baseada na aceitação do Primado do Romano Pontífice e em uma profissão de fé comum. Em fevereiro de 1274, no palácio Blakerne de Constantinopla, Miguel VIII e outras autoridades da Igreja Bizantina proclamaram e assinaram a profissão de fé católica que lhes havia sido prescrita em março de 1267 pelo Papa Clemente IV (1265-1268). Miguel VIII buscou a aproximação com o papado por uma necessidade política, já que precisava ter sua legitimidade reconhecida na cristandade ocidental para frustrar os planos de Carlos de Anjou de se apoderar de Bizâncio, restaurando o Império Latino de Constantinopla (Proch, 1995; Jedin, 1960).

O Concílio de Lião II foi convocado pelo Papa Gregório X (1271-1256) em 1274 e celebrado na catedral de São João, em Lião, sob a presidência desse pontífice. Inaugurado em 7 de maio[19], contou com mais cinco sessões (18 de maio, 6 de junho, 6 de julho, 16 de julho e 17 de julho). Conforme aponta Melloni (1995), contou também com a celebração de uma missa solene em 29 de junho e com a cerimônia de enterro de São Boaventura. Participaram cerca de 200 bispos, além de representantes de reis do Ocidente, do *Katholikos* dos armênios[20], do imperador bizantino e da Igreja Bizantina (Jedin, 1960).

O objetivo primordial do segundo concílio lionense era convocar uma nova cruzada e angariar fundos para a dita expedição, mas também buscava a união com a Igreja Bizantina e continuar as reformas empregadas pelos quatro concílios lateranenses e pelo primeiro lionense. Os objetivos da assembleia conciliar foram elencados no discurso papal na primeira sessão, do dia 7 de maio. Na segunda sessão (18 de maio), fez-se a leitura do documento papal *Zelus fidei*, o qual estabelecia o dízimo para a cruzada, que foi simplesmente homologado pelos padres conciliares. Muitos participantes retiraram-se do concílio por volta do dia 20 de maio, após a aprovação das taxas cruzadísticas[21]. Na terceira sessão, em 6 de junho, foram lidas diante da assembleia as

---

19 Na mesma data faleceu o frade dominicano Santo Tomás de Aquino durante a viagem que fazia para tomar parte do concílio em Lyon.

20 *Katholikos* é o nome dado à autoridade maior da Igreja Apostólica Armênia.

21 Essas taxas consistiam em cobranças extras aos dízimos ou à possibilidade de os reis usarem parte do rendimento das abadias, mosteiros e dioceses para custear as cruzadas.

12 constituições disciplinares a respeito da conduta dos clérigos e leigos, previamente elaboradas pela Cúria Papal (Proch, 1995).

A delegação bizantina (Germano, ex-patriarca de Constantinopla, Teófanes, bispo de Niceia, e o secretário imperial Jorge Acropolita) chegou a Lyon em 24 de maio. Segundo Umberto Proch (1995), a aproximação com os cristãos gregos/bizantinos compunha duas etapas, a *unio*[22] e a *pax*[23]. O que era objeto de discussão no concílio lionense era mais propriamente a *pax*, a estabilidade política com o Império Bizantino, dado que a *unio* já havia sido negociada e assinada previamente (Proch, 1995).

Os enviados bizantinos assistiram a uma solene missa celebrada por Gregório X, na qual o Credo foi cantado em latim e em grego com o acréscimo do *Filioque*. Foi na quarta sessão (6 de julho) que o papa informou ao concílio da efetivação da negociação de união com os bizantinos. Os enviados do imperador leram em nome de Miguel VIII a profissão de fé que ele havia assinado no início de 1274, ato que foi seguido novamente da recitação do Credo niceno-constantinopolitano com o acréscimo latino. As sessões de 7 e 16 de julho serviram para debater a paz com o Império Bizantino (isto é, seu reconhecimento pelo Ocidente), sendo que na última sessão também foi concedida audiência à embaixada dos tártaros, momento no qual um dos membros do referido povo oriental foi batizado. A sessão final fixou as regras do conclave fechado para a eleição dos papas por meio do documento *Ubi periculum* (Melloni, 1995; Proch, 1995).

Quanto aos documentos do concílio, constam de uma profissão de fé imposta a Miguel VIII e alguns cânones disciplinares. Tais normas foram recebidas no Ocidente com a aprovação definitiva em 1º de novembro de

---

22 União das Igrejas, que comportava a Igreja bizantina reconhecer o primado do papa e as doutrinas da Igreja Romana.

23 Paz política com o ressurgido Império Bizantino, após cerca de seis décadas de reconhecimento do Império Latino de Constantinopla pelo papado e os reinos da cristandade ocidental.

1274, tendo sido incluídas nas compilações do Livro Sexto das Decretais do Papa Bonifácio VIII (1294-1303), em 1298 (Melloni, 1995). A seguir, alguns dos trechos da profissão de fé do Imperador Miguel VIII a respeito do *Filioque* e do Primado Romano:

> Nós cremos também <n>o Espírito Santo, pleno e perfeito e verdadeiro Deus, que procede do Pai e do Filho, coigual, consubstancial, co-onipotente, coeterno em tudo ao Pai e ao Filho. Cremos que esta santa Trindade não <são> três deuses, mas um único Deus onipotente, eterno, invisível e imutável.
>
> [...]
>
> A [...] santa Romana Igreja possui também o supremo e pleno primado e principado sobre toda a Igreja Católica; <primado> que, com verdade e humildade, reconhece ter recebido, com a plenitude do poder, do próprio Senhor, no bem-aventurado Pedro, príncipe ou cabeça dos Apóstolos, do qual o Romano Pontífice é o sucessor. E assim como está obrigada a defender, mais que as outras, a verdade da fé, assim também devem ser definidas por seu juízo as questões que surgirem a respeito da fé. A ela pode apelar qualquer acusado em matéria que pertença ao foro eclesiástico, e em todas as causas que dizem respeito à avaliação eclesiástica pode-se recorrer ao seu julgamento. A ela estão sujeitas todas as Igrejas, e os seus prelados que devem obediência e reverência. Todavia, a plenitude do poder se dá para ela deste modo, que deixa participar de sua solicitude as outras Igrejas, muitas das quais, sobretudo as patriarcais, com diversos privilégios honrou a mesma Igreja Romana, sempre salvaguardada porém a sua prerrogativa, seja nos concílios gerais, seja em alguma outra coisa. (Denzinger, 2007, p. 301-303)

A recepção no Oriente foi bem diversa da atitude dos embaixadores do imperador bizantino. A união, resultante de um acordo político com a corte e poucos clérigos, não foi bem aceita pelo restante do clero e pelos fiéis da Igreja bizantina, já que não foram amplamente consultados na assembleia conciliar sobre temas conflituosos (as diferenças rituais, a jurisdição dos patriarcas etc.). Com a morte de Miguel VIII em 1282, seu filho e sucessor, Andrônico II Paleólogo (1282-1328), revogou a união com a Igreja Romana (Proch, 1995).

No mesmo ano da morte de Miguel VIII, iniciou-se uma rebelião na Sicília contra o domínio de Carlos de Anjou. Os sicilianos buscaram o apoio do rei de Aragão. A guerra só foi resolvida em 1302, com o Tratado de Caltabellota, que reconhecia a Itália meridional como "Reino da Sicília", pertencente à dinastia franco-angevina de Carlos de Anjou, e o "Reino da Trinácria" (ilha da Sicília), sob o poder dos reis de linhagem aragonesa. Em 1303, faleceu o Papa Bonifácio VIII (1294-1303), que havia mantido um forte conflito com o Rei Filipe IV, o Belo (1285-1314), da França. O conflito fora motivado pela taxação imposta pelo monarca francês ao clero, violando os cânones lateranenses de imunidade fiscal da Igreja, e por divergências sobre as esferas de atuação do poder régio e papal. O rei da França tinha se aliado com a família romana dos Colonna, inimigos da família dos Orsini (que haviam se aliado à família Caetani, de Bonifácio VIII). O papa morreu pouco depois de ser libertado do aprisionamento por funcionários reais franceses e um membro da família Colonna (Barbosa; Souza, 1997; Diehl; Fernandes, 2017; Souza, 1981, 1994).

Após o curto pontificado de Bento XI (1303-1304), o conclave de julho de 1304 elegeu o arcebispo de Bordeaux, Bertrand du Got, como Papa Clemente V (1305-1314). A escolha deveu-se ao fato de que o arcebispo de Bordeaux era um candidato aceitável aos reis de Inglaterra e França (em guerra naquele momento) e alguém de fora do dividido Colégio Cardinalício, ainda com grande maioria italiana[24]. Preocupado com a continuidade da guerra entre França e Inglaterra e imbuído do desejo de convocar um novo concílio e uma nova cruzada, Clemente V

---

24 De fato, Bertrand du Got não era cardeal e não havia tomado parte no conclave que o elegera.

não se dirigiu à Itália, mas residiu, inicialmente, no Condado Venaissino, um território que pertencia ao papado desde 1274. A partir de 1309, Clemente residiu em Avignon, território pertencente aos reis franco-angevinos da Sicília. Certamente Filipe exercia influência e pressão sobre o papa, mas seria incorreto pensarmos em uma espécie de "cativeiro francês" do papado, haja vista que os territórios onde Clemente V residiu não eram pertencentes à Coroa Francesa e nem vassalos desse reino (Diehl; Fernandes, 2017).

Clemente V teve de enfrentar dois grandes problemas com Filipe IV:

1. o desejo do monarca francês de condenar Bonifácio VIII e anular seus atos como pontífice romano;
2. a pretensão de Filipe em acabar com a Ordem dos Cavaleiros Templários[25],[26] Bento XI anteriormente já havia anulado as penas impostas por Bonifácio VIII a Filipe IV e aos cardeais Colonna (que apesar de perdoados não foram reintegrados ao Sacro Colégio), mas não havia cedido completamente ao rei francês. O referido papa havia excomungado os participantes do atentado contra Bonifácio VIII, além de não ter condenado seu antecessor (Diehl; Fernandes, 2017). Em 1307, o rei da França havia aprisionado grande parte dos templários de França e os obrigado, sob tortura, a confessarem práticas sexualmente escandalosas, além de idolatria e sacrilégio (Bellitto, 2010; Melloni, 1995).

---

25 A Ordem dos Templários foi uma ordem de monges-cavaleiros fundada em Jerusalém em 1119. Uniam a rotina monástica de votos, oração e vida em comum com o treinamento e a atividade militar. Seu objetivo era proteger as rotas de peregrinação cristã. Esse modelo de ordem militar foi seguido por outras ordens fundadas ao longo dos séculos XII-XIV, como os Hospitalários, Teutônicos, Ordem de Calatrava, Ordem de Santiago etc.

26 Em geral, acredita-se que Filipe queria abolir a Ordem do Templo para se apoderar dos seus bens. Apesar da decadência do prestígio dos templários pela queda da fortaleza de São João d'Acre (último reduto cristão na Terra Santa) nas mãos dos exércitos mamelucos, os templários ainda possuíam muitas propriedades, bens e riquezas na Europa.

Clemente V resolveu convocar um concílio para tratar da questão na cidade de Vienne, no sudeste francês. O Concílio de Vienne foi inaugurado em 16 de outubro de 1311 e encerrado em 6 de maio de 1312. Participaram cerca de 120 bispos (incluindo os patriarcas latinos de Alexandria e Antioquia), sendo que muitos foram vetados pelo Rei Filipe IV da França, que buscou influenciar os rumos conciliares. A presidência foi exercia pelo papa, que, na sessão inaugural, organizou várias comissões para tratarem de diferentes assuntos. Dessa forma, a assembleia conciliar propriamente dita se reuniu poucas vezes. O local onde se deram as sessões foi na Catedral de Vienne (Jedin, 1960).

A primeira sessão se deu no dia 22 de março de 1312, dois dias após a chegada do rei da França e sua comitiva. Como Filipe havia conseguido articular com a comissão encarregada para que não houvesse a defesa dos templários durante os trabalhos prévios à primeira sessão, Clemente V pronunciou a dissolução da Ordem dos Cavaleiros Templários, embora sem a condenação desejada por Filipe IV. Na segunda sessão (3 de abril), o papa transferiu os bens dos extintos templários para a Ordem dos Cavaleiros de São João do Hospital (Hospitalários). A posição de Clemente V foi ambígua: a extinção da ordem deixou os templários franceses indefesos diante do monarca francês (que conseguiu executar muitos dos cavaleiros na fogueira); por outro lado, o documento de supressão da ordem impedia que o discurso do rei e seus partidários se identificasse com o posicionamento oficial da Igreja. Além do mais, a transferência dos bens para os Hospitalários frustrou as tentativas de Filipe em se apropriar dos bens templários (Bellitto, 2010; Melloni, 1995; Thomas, 2000).

A Ordem Franciscana encontrava-se em conflito interno entre os defensores de uma observância mais flexível da Regra de São Francisco e os partidários do seguimento rigorista da Regra. Na sessão do dia 5 de maio de 1312, Clemente V publicou perante a assembleia conciliar a bula *Exivi de paradiso*, que reconhecia o valor da pobreza para o carisma da Ordem Menorita, além de resolver algumas questões práticas de observância da Regra. Na sessão do dia 6 de maio, foi promulgada a decretal *Fides catholicae*, que condenava algumas teses doutrinárias atribuídas ao frade franciscano Pedro de Olivi por seus adversários, mas sem nomeá-lo. Diferentemente das reuniões acerca dos templários, a comissão que antecedeu às sessões de 5 e 6 de maio foram marcadas por debates entre membros da Ordem Franciscana, acompanhados pelo papa (Melloni, 1995).

Na última sessão do concílio (6 de maio), também se publicou um documento sobre as cruzadas que, além de convocar e estabelecer o levantamento de fundos para uma nova expedição à Terra Santa, ordenava a criação de cátedras de línguas orientais (árabe, hebraico etc.) nas universidades, a fim de que a cruzada fosse seguida por uma atividade missionária mais intensa. Por fim, também se promulgaram cânones disciplinares (Melloni, 1995). O concílio, como grande parte dos outros concílios medievais, foi recebido com sua inserção em uma nova compilação de Direito Canônico durante o pontificado de João XXII (1316-1334).

Certamente a medida de maior impacto do Concílio de Vienne foi a extinção da Ordem dos Templários, já que o projeto de cruzada não foi levado adiante e a Ordem Franciscana ficou ainda mais dividida durante o período de João XXII. Esse papa, que havia ocupado a cátedra episcopal de Avignon antes de ser eleito pelos cardeais, acabou por fixar a Cúria pontifícia em Avignon, devido às instabilidades políticas da Itália e às melhores condições geográficas da referida cidade, ponto de encontro de várias rotas comerciais da Europa (Diehl; Fernandes, 2017). Os papas que governaram a Igreja com sede em Avignon aumentaram o aparato fiscal e administrativo da Sé Apostólica, ampliando sua capacidade de alcance sobre julgamentos canônicos, nomeações episcopais e cobranças de taxas eclesiásticas.

## 3.4 O Concílio de Constança (1414-1418)

Em 1377, o Papa Gregório XI (1370-1378) tinha retornado a Roma. Faleceu no ano seguinte, em Anagni, uma pequena cidade pertencente aos territórios pontifícios. O conclave para eleger seu sucessor estava dividido em três grupos. Além disso, havia a pressão da população romana pela eleição de um papa italiano. Para resolver o impasse, os cardeais escolheram, em 8 de abril de 1378, o napolitano Bartolomeu Prignano, arcebispo de Bari, que tomou o nome de Urbano VI (1378-1389). Muitos cardeais, especialmente os de origem francesa, desentenderam-se com Urbano VI por causa da forma rígida como ele governava a Igreja. Os cardeais descontentes com o papa reuniram-se na cidade de Fondi, onde, em 20 de setembro de 1378, elegeram, em um novo conclave, o cardeal Roberto de Genebra como (anti)Papa Clemente VII (1378-1394). No ano seguinte, Clemente VII instaurou sua Cúria em Avignon (Souza, 2011b).

Esse evento foi conhecido na história da Igreja como o *Cisma do Ocidente*, um período em que a Igreja Romana encontrou-se dividida entre dois indivíduos simultaneamente pretendendo-se os legítimos ocupantes da Cátedra de São Pedro: um papa em Roma e um (anti) papa em Avignon. Também o mapa político da Europa se dividiu conforme as obediências à Roma ou Avignon: Castela-Leão, França e o Reino da Sicília franco-angevina ficaram ao lado de Avignon, enquanto Inglaterra, Lombardia e Europa Oriental apoiaram Roma. Portugal e o Império romano-germânico oscilavam. Os teólogos da época propunham dois caminhos para a solução do Cisma: a *via cessionis*, isto é, a renúncia dos dois papas; e a *via concilii*, ou seja, a deposição dos dois papas e a eleição de um papa comum por um Concílio Geral (Fernandes, 2011).

Em 1409, reuniu-se um Concílio Geral em Pisa, onde tomaram parte cardeais de ambos os lados (romano e avinhonense). Nessa assembleia, declarou-se a deposição do Papa Gregório XII de Roma (1406-1415) e do (anti)Papa Bento XIII de Avignon (1394-1423). Em seguida, o concílio elegeu Pedro Cândia como novo papa, que tomou o nome de Alexandre V (1409-1410). Entretanto, o resultado não foi amplamente aceito pela cristandade latina, tornando o problema ainda mais complexo: agora havia três indivíduos reclamando para si o título papal.

O quadro a seguir resume essa divisão papal.

Quadro 3.2 – Papas e (anti)papas no Cisma do Ocidente

| Roma | Avignon | Pisa |
|---|---|---|
| Urbano VI (1378-1389) | Clemente VII (1378-1394) | |
| Bonifácio IX (1389-1404) | Bento XIII (1394-1417) | |
| Inocêncio VII (1404-1406) | | |
| Gregório XII (1406-1417) | | Alexandre V (1409-1410) João XXIII (1410-1417) |

Em 1413, o príncipe herdeiro da Boêmia e recém-eleito Rei dos Romanos[27], Sigismundo I (1411-1437), contatou o (anti)papa de Pisa, João XXIII. para a realização de um concílio na cidade de Constança (no sul da Alemanha). A primeira sessão do Concílio de Constança ocorreu em 16 de novembro, na catedral dessa cidade, somente com representantes do (anti)papa de Pisa. Na sessão inicial, tratou-se de

---

27 *Rei dos Romanos* era o título que recebia o monarca eleito pelos príncipes germânicos até o momento da coroação imperial, que lhe conferia, então, o título de imperador.

questões mais pragmáticas, relativas à organização e ao modo de funcionamento do concílio (Wohlmuth, 1995). Sigismundo chegou a Constança em dezembro.

As pautas anunciadas já na primeira sessão eram: a união da Igreja (*causa unionis*), a reforma da Igreja (*causa reformationis*) e o esclarecimento da fé contra as heresias daquele tempo (*causa fidei*). Tanto Joseph Wohlmuth (1995) quanto Christopher Bellitto (2010) afirmam que João XXIII acreditava que, apoiando o concílio desejado pelo Rei Sigismundo e aceitando renunciar ao papado, poderia ganhar o apoio da assembleia conciliar para ser novamente eleito.

Na segunda sessão (3 de março de 1415), foi feita a promessa de renúncia de João XXIII, que, entretanto, mudou de ideia e fugiu disfarçado para Schaffhausen (atual Suíça), onde tentou dissolver o concílio. O (anti)papa pisano decidiu então fugir com a ajuda dos burgúndios, o que fez os membros do concílio iniciarem um processo para destituir João XXIII. O processo deu-se entre os meses de março e abril, durante a terceira, a quarta e a quinta sessões (26 de março, 30 de março e 6 de abril, respectivamente). Foram redigidos textos que reivindicavam para o concílio uma autoridade direta provinda do Espírito Santo, em virtude de aquela assembleia representar o conjunto da Igreja.

O texto da quinta sessão foi um dos documentos mais importantes da primeira fase do Concílio de Constança: o decreto *Haec sancta*. Esse decreto estabelecia que o Concílio se reunia sob a autoridade do Espírito Santo, representando a Igreja inteira, na intenção de reformá-la e devolver-lhe a unidade. Assim, declarava que qualquer um que se opusesse à sua autoridade, mesmo o papa, poderia ser deposto (Wohlmuth, 1995). Esse decreto evidencia o ideal "conciliarista", isto é, a tese de que o Concílio Geral estaria acima da autoridade do papa. Vejamos o trecho que coloca o papa sob a autoridade conciliar:

> Este Santo Sínodo de Constança [...] legitimamente reunido pela obra do Espírito Santo [...] cujo poder emana diretamente de Cristo; [...] qualquer pessoa, independentemente de sua condição e de sua posição, inclusive até mesmo o papa, é obrigada a obedecer a este sínodo nas questões pertinentes à nossa fé, à erradicação do referido cisma e à reforma da referida Igreja de Deus tanto no que diz respeito à sua liderança quanto no que diz respeito aos seus membros. (Bellitto, 2010, p. 120)

Na oitava sessão, de 4 de maio, o concílio pronunciou-se sobre as doutrinas do reformador inglês John Wyclif (ca. 1330-1384)[28], já que os membros do concílio acreditavam que as doutrinas wyclifistas estavam presentes na Boêmia da época (Wohlmuth, 1995).

Foi somente na sessão de número XII (29 de maio de 1415) que se concluiu o processo de deposição de João XXIII. Voltando a usar seu nome de batismo, Baldassare Cossa, ele aceitou a deposição e ficou inicialmente sob a proteção do conde do Palatinado e depois residiu em Florença, onde morreu em 1419. O texto da sessão de número XII também proibia a eleição de um novo papa sem o consenso conciliar, além de interditar a reeleição de qualquer um dos indivíduos que à época se julgasse detentor do sumo pontificado (Wohlmuth, 1995).

A sessão XIII (15 de junho) proibiu a violação da comunhão eucarística ministrada unicamente sob a espécie do pão, alegando ser um costume já consolidado na Igreja e baseado na doutrina de que Cristo encontra-se inteiramente presente em ambas as espécies. Dessa forma, o concílio não cedeu ao costume da comunhão sob as duas espécies, que era praticada na Boêmia por Jan Hus[29] e seus seguidores.

---

28  John Wyclif (1330-1384) foi professor da Universidade de Oxford na década de 1370, época em que publicou tratados em que expunha suas doutrinas acerca de uma Igreja desprovida de hierarquia e negava a transubstanciação na Eucaristia. Foi condenado em 1377, mas viveu sob a proteção de John de Gaunt, Duque de Lancaster, até sua morte (Loyn, 1990).

29  Jan Hus (1369-1415) foi um sacerdote e professor da Universidade de Praga no início da década de 1400. Teve contato com os escritos de John Wycliff por meio de Jerônimo de Praga (1379-1416), outro membro da Universidade de Praga.

Apesar da influência do ideal conciliarista, o concílio negociou com o Papa Gregório XII de Roma a sua participação na assembleia conciliar. Para isso, na sessão de número XIV, de 4 de julho de 1415, houve uma nova convocação do concílio em nome de Gregório XII, por meio do seu cardeal João Dominici. Em seguida, proclama-se a renúncia de Gregório XII (Wohlmuth, 1995).

O caso das doutrinas de Wycliff voltou a ser examinado na sessão XV, em 6 de julho. Nessa sessão, condenaram-se teses atribuídas a Wylciff e Hus e, ainda, foi determinada a exumação do cadáver de Wycliff. Hus foi condenado e, ante a sua recusa em abjurar de suas teses, foi sentenciado como herege e entregue às autoridades seculares para ser queimado na fogueira (Wohlmuth, 1995)[30].

As sessões XVI e XVII (11 e 15 de julho) abordaram a formação de uma representação conciliar com o (anti)papa Bento XIII para negociar sua renúncia. A embaixada acompanhou o rei germânico Sigismundo, que partiu em 18 de julho rumo à Espanha (onde estava refugiado Bento XIII desde o início do concílio). A sessão XVIII tratou apenas de procedimentos jurídicos internos do concílio, e a sessão XIX, em 23 de setembro, recebeu a abjuração de Jerônimo de Praga. Já nos dias 21 ou 22 de novembro ocorreu a sessão XX, que tratou do conflito de jurisdição entre o duque da Áustria e o bispo de Trento (Wohlmuth, 1995).

Em 4 de fevereiro de 1416, retornou a embaixada enviada à Espanha, conseguindo a participação do clero ibérico no concílio. Até aquele momento haviam sido discutidas questões de reforma, mas sem serem levadas a uma sessão. Em 27 de maio, Jerônimo de Praga retirou sua abjuração e foi novamente processado pelo concílio, sendo condenado

---

30  Wohlmuth (1995) aponta que no século XX ressurgiram debates entre historiadores sobre o real pensamento de Jan Hus e que no Concílio Vaticano II alguns bispos sugeriram a sua reabilitação (Wohlmuth, 1995). O que, entretanto, já foi pronunciado oficialmente é que o Papa João Paulo II lamentou, em 1999, a forma com que Hus foi morto, com a anuência do Concílio de Constança (Bellitto, 2010).

na sessão XXI, do dia 30 de maio, e entregue à autoridade secular que lhe aplicou a pena da fogueira.

O concílio teve várias sessões entre o final de 1416 e a primeira metade de 1417. Em 1º de abril de 1417, na sessão de número XXXI, o Concílio de Constança iniciou o processo contra o (anti)papa Bento XIII, que não concordara em renunciar. Em 26 de julho, na sessão XXXVII, Bento XIII foi deposto. Ele recusou a decisão conciliar e continuou a se considerar o papa legítimo, refugiado com seu pequeno séquito e cúria em um castelo em Peníscola (no reino de Valência, ligado à Coroa de Aragão[31]), onde faleceu em 1423 (Wohlmuth, 1995).

Em 9 de outubro de 1417, ocorreu a sessão XXXIX, na qual se discutiu uma ampla série de reformas e se redigiu o decreto *Frequens*, que estipulava a celebração de Concílios Gerais com certa frequência.

Na sessão XL, em 30 de outubro de 1417, o concílio fixou as regras para a eleição do próximo papa: os votantes seriam os 23 cardeais presentes na assembleia conciliar mais seis representantes para cada uma das cinco "nações"[32]: Itália (toda a península itálica), França, Espanha (compreendendo os reinos de Castela-Leão, Aragão e Navarra), Inglaterra (compreendendo toda a Grã-Bretanha), Alemanha (incluindo a região da Escandinávia) e Europa Oriental. Além de dois terços dos cardeais, era necessário dois terços de votos em cada uma das "nações". O objetivo era garantir um forte consenso, já que Bellitto (2010) afirma que havia o receio de ocorrer o mesmo que acontecera no Concílio de Pisa

---

31 Na Idade Média, a Espanha não era um reino unificado, mas consistia em vários reinos formados entre os séculos VIII e XII nos confrontos contra os muçulmanos. Os principais reinos eram, além de Portugal (independente a partir do século XII): Castela, Leão, Aragão e Navarra. O processo de unificação dinástica (isto é, todos os reinos governados sob um mesmo monarca e linhagem sucessória) da Espanha se deu no final do século XV, com o casamento do rei Fernando II de Aragão com a rainha Isabel I de Castela. Entretanto, a unificação legislativa e territorial não se completou antes do século XVIII.

32 Nações aqui não tem o sentido de nacionalidade dos modernos Estados-Nação surgidos no século XIX. É uma nomenclatura emprestada do vocabulário das universidades, que dividia os estudantes por grupos de países que geralmente tinham alguma afinidade linguística ou eram vistos pelos estrangeiros como muito semelhantes.

de 1409, em que a eleição papal conciliar foi amplamente questionada (Bellitto, 2010; Wohlmuth, 1995).

Em 8 de novembro de 1417, iniciou-se o conclave no centro comercial próximo ao lago de Constança. No dia de São Martinho de Tours, 11 de novembro, o conclave elegeu o cardeal Odo Colonna, que tomou o nome de Martinho V (1417-1431). Odo foi sagrado bispo e coroado como papa em 21 de novembro (Wohlmuth, 1995). Martinho V presidiu a sessão XLII em 21 de março de 1418, na qual foram aprovarados sete decretos de reforma eclesiástica. A sessão XLIV, de 19 de abril, convocou um novo concílio em Pavia, e a sessão XLV, do dia 22 de abril, contou com uma agitação dos poloneses contra o dominicano Johann Falkenberg, que foi conciliada pelo papa (Wohlmuth, 1995). O concílio, que durara de 1414 a 1418, contou com a participação de aproximadamente 500 pessoas, entre as quais, cerca de 185 bispos (Thomas, 2000).

O Papa Martinho V, ao impor os termos aos wycliffistas e hussitas para que voltassem à comunhão com a Igreja, mencionou o Concílio de Constança como representando a Igreja universal, mas sem o tom conciliarista emanado do decreto *Haec Santca*. Vejamos alguns elementos que constam das interrogações que deveriam ser feitas aos seguidores de Wycliff e Huss que desejassem voltar à Igreja:

> Igualmente, se crê, sustenta e afirma que qualquer concílio geral, e também o de Constança, representa a Igreja universal.
>
> Igualmente, se crê que aquilo que o sagrado concílio de Constança, representando a Igreja universal, aprovou e aprova em prol da fé e para a salvação das almas deve ser aprovado e sustentado por todos os fiéis de Cristo; e que aquilo que condenou e condena como contrário à fé e aos bons costumes deve pelo menos ser sustentado, crido e afirmado como condenado.
>
> Igualmente, se crê que as condenações de João Wycliff, João e Jerônimo de Praga pronunciadas pelo sagrado Concílio geral de

Constança a respeito das suas pessoas, livros e documentos, foram pronunciados no modo devido e justo e como tais devem ser sustentadas e solidamente afirmadas por todo católico.

Igualmente, se crê, sustenta e afirma que João Wycliff da Inglaterra, João Hus da Boêmia e Jerônimo de Praga foram hereges e devem ser chamados e considerados hereges, e que seus livros e suas doutrinas foram e são perversas, e que foram condenados como hereges pelo sagrado Concílio de Constança por causa destes <livros e doutrinas> e por causa de sua pertinácia. (Denzinger, 2007, p. 353-354)

A recepção de Constança só seria plenamente resolvida no final do século XV, quando buscariam se elucidar melhor as relações entre a autoridade papal e a autoridade dos concílios gerais.

## 3.5 O Concílio de Basileia-Ferrara-Florença (1431-1445)

Martinho V havia, em conformidade com o decreto *Frequens*, convocado um concílio em Pádua e Siena. Esse concílio, reunido em 1423, rapidamente se dissolveu no ano seguinte. Em 1431, o papa seguinte, Eugênio IV (1431-1447), convocou um concílio para a cidade de Basileia (atual Suíça).

O Concílio de Basileia, iniciado em 23 de julho de 1431, foi aberto por João de Ragusa e João de Polomar, já que o Cardeal Giuliano Cesarini (legado de Eugênio IV para presidir o concílio) encontrava-se em guerra contra os hussitas boêmios. Chegando à Basileia, em 9 de setembro, Cesarini presidiu a primeira sessão em 15 de outubro, na qual convidou os boêmios para solucionarem as tensões que mantinham para com a Igreja Romana. O Papa Eugênio IV (que estava em conflito com a família dos Colonna, da qual provinha seu antecessor Martinho V) dissolveu o Concílio de Basileia em 12 de outubro, transferindo-o para Bolonha. Entretanto, a dissolução só foi ao conhecimento dos membros do concílio em janeiro de 1432, com a chegada dos representantes de Eugênio IV. Os participantes da assembleia conciliar de Basileia recusaram o decreto papal, o que levou o papa a depor Cesarini da presidência do concílio, em 8 de fevereiro de 1432. Naquele mesmo ano, Eugênio negociou com representantes bizantinos a participação em um concílio papal em Bolonha para firmar a união das Igrejas (Wohlmuth, 1995).

Na segunda sessão (15 de fevereiro de 1432), o Concílio de Basileia baseou-se nos decretos de Constança para declarar que não poderia ser dissolvido pelo papa. O Concílio de Basileia contava com o apoio majoritário de 15 cardeais, enquanto apenas seis apoiavam Eugênio IV. A sessão III (29 de abril) admoestava o papa a submeter-se ao julgamento do concílio e a retirar sua ulterior dissolução, ao passo que a sessão IV (20 de julho) estabelecia um salvo-conduto para que os boêmios pudessem comparecer ao concílio a fim de negociarem sua reinserção na Igreja (Wohlmuth, 1995).

Em 6 de setembro de 1432, o Concílio de Basileia abriu o processo contra o Papa Eugênio IV e, seis dias depois, Cesarini voltou a presidir a assembleia conciliar, não como legado pontifício, mas como o que acreditava ser a representação da Igreja em sua totalidade. O Concílio de Basileia também recebeu o apoio do Imperador Sigismundo I, que pressionava o papa a aceitar Basileia. A sessão VII (9 de novembro) estabelecia procedimentos para uma eleição papal, caso fracassassem as pressões sobre Eugênio IV, enquanto a sessão VIII, de 18 de dezembro, proibia a reunião de outro concílio além do que já estava sediado em Basileia (Wohlmuth, 1995). Em janeiro de 1433, o concílio também enviou uma embaixada para Constantinopla.

Em 19 de fevereiro de 1433, a sessão X estabeleceu prazos para a resposta de Eugênio IV. Entre as sessões X e XI, uma embaixada de Eugênio chegou a Basileia (7 de março). Na sessão XI, de 27 de abril, o concílio expressou-se pela obrigatoriedade da participação papal na assembleia conciliar, considerando que o concílio só poderia ser dissolvido com a concordância da maioria de dois terços de seus membros. Eugênio tentou impor seus legados, proposta que foi rejeitada pelo concílio em junho. A sessão XII, de 13 de julho, aprovou questões sobre eleições episcopais, mas não concluiu a questão do papa, que foi criticado na sessão XIII, em 11 de setembro (Wohlmuth, 1995).

O Imperador Sigismundo (que chegara a Basileia em 11 de outubro) negociou durante bastante tempo com Cesarini e com os legados papais. Na sessão XVI (5 de fevereiro de 1434), o concílio aceitou a adesão de Eugênio IV. Na sessão XVII (26 de abril), com a mediação do imperador, os legados papais foram aceitos para presidirem a assembleia conciliar (Wohlmuth, 1995).

Em julho de 1434, haviam chegado os primeiros representantes bizantinos a Basileia. A sessão XIX (7 de setembro de 1434) discutiu a união com a Igreja Bizantina, propondo cidades italianas ou da Europa oriental para sediar o encontro, além da cidade-sede do concílio. O concílio convidou o imperador e o patriarca de Constantinopla para tomarem parte na assembleia conciliar. Nessa sessão também se lidou com medidas para a pregação aos judeus e "infiéis" (como eram chamados os "não cristãos" no vocabulário cristão medieval), renovando as normas do aprendizado de línguas para os pregadores (Concílio de Vienne) e as normas impostas aos judeus sob domínio cristão nos concílios lateranenses (Wohlmuth, 1995).

Entre a sessão XX (22 de janeiro de 1435) e a XXIII (26 de março de 1436), tratou-se basicamente de questões disciplinares de reforma da Igreja, dando seguimento ao que fora abordado em Constança. Na sessão XXIV (14 de abril de 1436), o concílio aceitou a ideia de realizar-se em outro lugar para tratar da união com os bizantinos/gregos. Por outro lado, a embaixada enviada a Constantinopla estava composta em parte por homens favoráveis a uma união negociada diretamente entre uma embaixada papal e outra bizantina. Seguiu-se um longo período em que o concílio e os representantes e partidários de Eugênio IV não chegaram a um entendimento comum. A sessão XXV ocorreu somente em 7 de maio de 1437, quando foram lidos perante a assembleia conciliar a decisão da maioria em favor da continuidade do concílio em Basileia e o voto da minoria alinhada com o papa pela dissolução e relocação do concílio. Em 18 de setembro do mesmo ano, Eugênio IV declarou dissolvida a assembleia conciliar de Basileia (Wohlmuth, 1995).

O Concílio de Ferrara, que se considerava a legítima continuação do Concílio de Basileia, foi iniciado em 8 de janeiro de 1438, sob a presidência do cardeal Niccolo Albergati. Em março, chegaram a Ferrara o Papa Eugênio IV, a minoria de Basileia que havia apoiado o papa (incluindo o Cardeal Cesarini) e os representantes bizantinos. Umberto Proch (1995) aponta que, ao todo, reuniram-se até a metade de 1438 cerca de 700 representantes de várias partes do Oriente, como georgianos, habitantes do Ponto e *rus*[33]. A delegação bizantina incluía o próprio Imperador João VIII Paleólogo (1425-1448) e o Patriarca José II de Constantinopla (1360-1439). Os representantes orientais foram acolhidos em Ferrara com as despesas pagas pelo esparso tesouro papal e receberam no concílio a permissão de se pronunciarem

---

33 Os *rus* constituíam o povo que deu origem às modernas nações da Ucrânia e da Rússia. Convertidos ao cristianismo por volta de 988, formavam vários principados autônomos nos territórios atuais da Ucrânia e da Rússia. Suas Igrejas estavam sob a jurisdição do Patriarcado de Constantinopla.

livremente (diferentemente de Lião II, quando os representantes bizantinos apenas leram a confissão de fé imposta ao imperador).

O concílio teve uma nova sessão solene de abertura em 9 de abril de 1438, na presença dos membros orientais. Entre maio e junho desse ano, os ocidentais e orientais debateram sobre a questão do purgatório e, em outubro, discutiu-se a questão do *Filioque*. No debate sobre o *Filioque*, os gregos defendiam que o credo niceno não poderia ser alterado e os latinos sustentavam que o acréscimo fora feito pela necessidade de explicitar um dado de fé (Proch, 1995). Devido às ações militares do duque de Milão e de uma peste, os participantes decidiram transferir o concílio para Florença, onde retomaram as reuniões em março de 1439, debatendo a questão trinitária, com destaque para a análise de textos da Patrística de língua grega tanto pelos latinos quanto pelos bizantinos (Proch, 1995).

Em maio de 1439, em discussões internas, a maioria dos representantes gregos concluiu que o acréscimo e o entendimento latino da processão do Espírito Santo pelo Filho não eram heréticos. O papa e seus partidários insistiram para que se redigisse uma fórmula de união que exprimisse um entendimento comum sobre a Trindade, com base no que fora previamente discutido. Em junho, faleceu o patriarca constantinopolitano e discutiu-se brevemente divergências disciplinares e o entendimento do primado papal na Igreja. Em 6 de julho de 1439 foi lido solenemente na Catedral de Santa Maria dei Fiori (em Florença) o decreto de união *Laetentur caeli*, que explicitava um comum entendimento sobre a processão do Espírito Santo e o respeito pela diversidade ritual e disciplinar de latinos e gregos, além de salientar o poder do papa em harmonia com as autonomias dos patriarcas e os limites impostos pelos cânones dos concílios ecumênicos (Proch, 1995).

Ao mesmo tempo, entre maio e junho, o concílio que permaneceu reunido em Basileia declarou Eugênio deposto e excomungado, elegendo como novo (anti)papa o Duque Amadeu de Saboia, que tomou o nome de Félix V (1439-1449). Vejamos o trecho do decreto *Laetentur caeli*, que tratou da questão do *Filioque*:

> Em nome da santa trindade, Pai, Filho e Espírito Santo, com aprovação deste santo Concílio universal de Florença, nós definimos, para que por todos os cristãos seja crido e acolhido, e assim todos professem esta verdade de fé: que o Espírito Santo é eternamente do Pai e do Filho, que tem a sua essência e o seu ser subsistente ao mesmo tempo do Pai e do Filho, e que procede eternamente de um e de outro como de um só princípio e por uma só espiração; e declaramos que o que têm dito os santos Doutores e Padres, isto é, que o Espírito Santo procede do Pai por meio do Filho, favorece a compreensão de que também o Filho, como o Pai, segundo os gregos é causa, segundo os latinos princípio da subsistência do Espírito Santo.
>
> E porque tudo o que é do Pai, o próprio Pai o deu ao seu único Filho gerando-o – à exceção do seu ser Pai –, o próprio proceder do Espírito Santo do Filho, o Filho o tem do Pai desde a eternidade, do qual também desde a eternidade é gerado.
>
> Definimos, além disso, que a explicação dada com a expressão "Filioque" foi lícita e razoavelmente acrescentada ao Símbolo para tornar mais clara a verdade e por uma necessidade urgente daquele momento. (Denzinger, 2007, p. 358)

O decreto *Laetentur Caeli* também expressou-se sobre o Primado Romano e a hierarquia dos patriarcas:

> Igualmente definimos que a santa Sé Apostólica e o Romano Pontífice têm o primado sobre todo o universo e que o mesmo Romano Pontífice é o sucessor do bem-aventurado Pedro, príncipe dos Apóstolos, é verdadeiro vigário de Cristo, cabeça de toda a Igreja, pai e doutor de todos os cristãos; e que o mesmo Senhor Jesus Cristo transmitiu a ele, na pessoa do bem-aventurado Pedro, o pleno poder

de apascentar, reger e governar a Igreja universal, como é atestado também nas atas dos concílios ecumênicos e nos sagrados cânones. Renovamos, além disso, a disposição transmitida nos cânones a observar entre os outros veneráveis patriarcas: que o patriarca de Constantinopla seja o segundo depois do santíssimo Pontífice Romano, o patriarca de Alexandria o terceiro, o de Antioquia o quarto, o de Jerusalém o quinto, savalguardados, evidentemente, todos os seus privilégios e direitos. (Denzinger, 2007, p. 359)

Em 22 de novembro de 1439, o Concílio de Florença publicou o decreto *Exultate Deo*, que expressava pontos doutrinais aceitos pelos armênios de acordo com o entendimento latino/católico. Esse documento resultou dos debates com a delegação armênia que havia chegado a Florença em agosto daquele ano. Nessa mesma época, Eugênio IV excomungou o remanescente Concílio de Basileia. Em 4 de fevereiro de 1442, foi promulgada a união com os coptas miafisistas por meio da bula *Cantate Domino*. O concílio continuou sendo realizado depois de 1443 em Roma. Naquele período, foram acordadas as uniões com os siríacos, em 30 de novembro de 1444 (bula *Multa er admirabilia*), e com os caldeus e maronitas libaneses, em 7 de agosto de 1445 (bula *Benedictus sit Deus*). Depois desse documento, não sobraram fontes sobre o encerramento do concílio, o que faz com que se considere 1445 o ano de sua conclusão (Proch, 1995).

Quanto ao Concílio de Basileia, ele continuou reunido até 1449, quando seus participantes aceitaram Nicolau V (1447-1455) como papa, o qual nomeou Amadeu de Saboia como cardeal (Bellitto, 2010). O Concílio de Basileia-Ferrara-Florença marcou o auge e o declínio do conciliarismo. A união com diversos segmentos da cristandade oriental lograda por Eugênio IV acabou por conferir prestígio à assembleia conciliar, que permaneceu em torno de sua autoridade, diminuindo a importância da assembleia "conciliarista" de Basileia. Em 1460, o Papa Pio II

(1458-1464) condenou a ideia de superioridade do concílio sobre o papa na bula *Execrabilis* (Bellitto, 2010)[34]. A união com os orientais acabou tornando-se nula com a diminuição do contato entre as Igrejas após a conquista turca de Constantinopla em 1453 (Proch, 1995).

## 3.6 O Concílio de Latrão V (1512-1517)

As ideias de reforma que haviam aparecido nos Concílios de Constança e Basileia-Ferrara-Florença haviam sido deixadas de lado diante das preocupações mais urgentes de sanar os cismas e de unir as Igrejas do Oriente. O Concílio de Latrão V, embora tenha tratado de reformas, foi convocado em circunstâncias muito semelhantes às do Concílio de Basileia. Por volta do século XV, o norte da Itália havia deixado de ser um emaranhado de cidades autônomas. Desde o século XIV que alguns *condottieri* (comandantes militares) assumiam o senhorio de algumas cidades acima das instituições de governo delas. No século XV, as cidades mais importantes formaram grandes repúblicas ou principados que englobavam sob sua esfera de influência as cidades menores. Além do mais, os reis de França e de Aragão disputavam o domínio de regiões da Itália. O próprio papado via-se envolvido em guerras com os principados vizinhos do Patrimônio de São Pedro.

---

34 O texto do decreto *Execrabilis* assim se expressa: "Na nossa época prevaleceu o execrável abuso, inaudito em tempos anteriores, de que alguns, cheios de espírito de rebelião, não pelo desejo de um juízo mais sensato, mas para evasão do pecado cometido, ousem apelar do Pontífice Romano, vigário de Jesus Cristo, a quem foi dito na pessoa do bem-aventurado Pedro: 'apascenta as minhas ovelhas' [Jo 21,17], e 'Tudo o que ligares sobre a terra será ligado no céu' [Mt 16,19], a um futuro concílio... Querendo, portanto, afastar longe da Igreja de Cristo tal pestífero veneno..., Nós condenamos as apelações de tal gênero e as reprovamos como errôneas e detestáveis" (Denzinger, 2007, p. 375).

Em 1509, o Papa Júlio II (1503-1513) havia derrotado[35] os venezianos com o apoio do Rei Luís XII de França (1498-1515). Em 1510, contudo, o papa uniu-se aos venezianos e suíços para expulsar os franceses da Itália. Para se contrapor, Júlio II, rei da França, e o Imperador Maximiliano I (1508-1519) promoveram um concílio em Pisa, em outubro de 1511, com o objetivo de julgar o papa. Em Pisa, reuniram-se seis cardeais, 34 bispos e alguns juristas e teólogos. Em abril de 1512, Júlio II convocou um concílio para se contrapor à assembleia reunida em Pisa. O concílio pisano acabou se dissolvendo pouco tempo depois, com a derrota dos exércitos franceses que lhe davam apoio na península itálica (Venard, 1995).

O quinto concílio lateranense, sediado na Basílica de Latrão, iniciou-se em 3 de maio de 1512. Contou com a presença de 431 clérigos sob a presidência do papa e teve 12 sessões entre 3 de maio de 1512 e 16 de março de 1517. Durante o pontificado de Júlio II, tratou-se mais do problema do cisma (os remanescentes dos conflitos políticos com o papado devido às guerras na Itália), enquanto sob Leão X (1513-1521) foram discutidas questões de doutrina e disciplina, visando reformar a Igreja. Embora o lateranense V tenha legislado contra os principais problemas da época: simonia, mundanismo do clero, superstições, má-formação do clero, descaso pastoral etc., sua falta de eficácia se deveu especialmente ao papado e aos membros da Cúria que continuaram a viver de forma principesca (Bellitto, 2010; Venard, 1995). Pouco depois do encerramento do V concílio lateranense, em 31 de outubro de 1517, foram publicadas em Wittemberg, na Alemanha, as 95 teses do padre agostiniano Martinho Lutero acerca das indulgências.

Os movimentos protestantes do século XVI evidenciavam que os problemas enfrentados pela cristandade ocidental na passagem da

---

35 Na qualidade de senhores dos territórios do Patrimônio de São Pedro, os papas detinham exércitos. Entretanto, em geral entregavam o comando desses exércitos a homens da nobreza, comandantes mercenários ou a algum cardeal. Júlio II os comandava pessoalmente.

Idade Média para a Idade Moderna eram muito mais complexos do que questões de normas canônicas. Caberia à Igreja, nesse novo período, buscar responder às inquietações teológicas e espirituais dos homens doutos e simples da Europa.

## Síntese

Neste capítulo, você aprendeu sobre os concílios celebrados durante a Idade Média. Vimos que nesse período se consumou a separação entre a Igreja Católica Romana e as Igrejas de tradição bizantina (ortodoxas). Esses concílios, em geral, estavam sob forte direção da autoridade papal que os presidia e buscavam um enfoque mais canônico, estabelecendo várias normas para ordenar a *societas christiana*. Questões como interferência dos monarcas nos assuntos eclesiásticos, proteção aos bens da Igreja, atribuições do clero e obrigações dos leigos, normas de casamentos, entre outras, dominaram os sete primeiros concílios medievais. Vamos rever cada um deles:

- Concílio de Latrão I (1123): Convocado e presidido pelo Papa Calixto II, confirmou as decisões dos sínodos romanos do século XI sobre a reforma da Igreja. Tratou principalmente da jurisdição de bispados e mosteiros e dos bens eclesiásticos. Publicou 22 cânones.
- Concílio de Latrão II (1139): Convocado e presidido pelo Papa Inocêncio II, tratou principalmente da reorganização da Igreja após o cisma do antipapa Anacleto II e da jurisdição dos patriarcas latinos do Oriente. Confirmou e ampliou as decisões do Lateranense I.
- Concílio de Latrão III (1179): Convocado e presidido pelo Papa Alexandre III, tratou principalmente dos cismas provocados pelo Imperador Frederico I, das regras de eleição papal (dois terços dos votos para legitimar a eleição) e da condenação das heresias dos cátaros (albigenses). Confirmou como cânones várias decretais papais.

- Concílio de Latrão IV (1215): Convocado e presidido pelo Papa Inocêncio III, confirmou as condenações às heresias feitas pelo Lateranense III e condenou algumas teses do abade Joaquim de Fiore. Utilizou a palavra *transubstanciação* para se referir à transformação do pão e vinho em corpo e sangue de Cristo na Eucaristia. Promulgou 70 cânones, entre os quais determinava a obrigatoriedade da confissão anual e o preceito da comunhão pascal.
- Concílio de Lião I (1245): Convocado e presidido pelo Papa Inocêncio IV, depôs o Imperador Frederico II e o Rei Sancho II de Portugal. Promulgou 22 cânones disciplinares.
- Concílio de Lião II (1274): Convocado e presidido pelo Papa Gregório X, aprovou taxas e procedimentos para uma nova cruzada e obteve a profissão de fé católica do imperador bizantino Miguel VIII, gerando uma efêmera e momentânea união com a Igreja Bizantina (Ortodoxa).
- Concílio de Vienne (1311-1312): Convocado e presidido pelo Papa Clemente V, dissolveu a Ordem dos Cavaleiros Templários e estabeleceu normas sobre a observância da regra franciscana. Determinou a criação de cátedras de línguas orientais nas universidades, visando à missão no Oriente.

No final da Idade Média, houve concílios que visavam à reforma da Igreja e foram influenciados por correntes conciliaristas (que sustentavam um maior protagonismo da autoridade conciliar diante da autoridade papal):

- Concílio de Constança (1414-1418): Convocado pelo rei germânico Sigismundo I e presidido primeiramente pelo (anti)papa João XXIII de Pisa e depois pelo legado do Papa Gregório XII de Roma. Depôs João XXIII, de Pisa, e Bento XIII, de Avignon. Obteve a renúncia de Gregório XII e condenou como herege o padre boêmio Jan Hus. Elegeu o Papa Martinho V, pondo fim ao Cisma do Ocidente.

- Concílio de Basileia-Ferrara-Florença (1431-1445): Convocado e presidido pelo Papa Eugênio IV, conseguiu uma união temporária com a Igreja Bizantina e com as Igrejas Siríaca, Copta e Armênia.
- Concílio de Latrão V (1512-1517): Convocado pelo Papa Júlio II, foi presidido inicialmente por Júlio II e depois por Leão X. Condenou o cisma conciliarista dos adversários de Júlio II e estabeleceu normas doutrinárias visando à reforma da Igreja.

Como podemos ver, o quinto concílio lateranense pode ser visto como um concílio de transição para a época moderna, pois vislumbrou a necessidade de medidas além de normas disciplinares para poder expandir a reforma no seio da Igreja. Sobretudo, via-se a necessidade de uma reforma dentro do próprio papado.

## Atividades de autoavaliação

1. Um fenômeno que influenciou bastante os primeiros concílios lateranenses foi:
   a) o movimento chamado de *Reforma Gregoriana* que visava diminuir a "feudalização da Igreja".
   b) o Cisma do Oriente, livrando Roma da tutela imperial.
   c) a interferência dos reis da França nas eleições papais.
   d) as heresias conciliaristas.
   e) o esfacelamento da dinastia carolíngia no Império Romano-Germânico.

2. Qual norma adotada no IV Concílio de Latrão permanece até hoje como preceito dentro da Igreja Católica?
   a) O celibato clerical.
   b) A proibição de novas ordens religiosas.

c) A obrigação da confissão anual e comunhão na Páscoa.
   d) O jejum quaresmal.
   e) A proibição de cargos públicos para não católicos.

3. Comparando a união com a Igreja Bizantina preconizada pelo II Concílio de Lião e a união promovida pelo Concílio de Basileia-Ferrara-Florença, podemos afirmar:
   a) Não houve diferenças: em ambos os concílios, a Igreja Bizantina foi obrigada a se submeter ao papa sem direito a voz.
   b) Em ambos os concílios, os representantes do Patriarca de Constantinopla atuaram apenas como "observadores".
   c) Em Florença, os representantes da Igreja Bizantina debateram vários pontos de discordância com os membros da Igreja Romana, enquanto em Lião só foi lida a profissão de fé imposta ao imperador bizantino.
   d) Em Lião II, obrigou-se os bizantinos a seguirem o rito romano, enquanto Florença admitiu a diversidade de ritos.
   e) Em ambos os concílios obrigou-se os bizantinos a se submeterem à autoridade de patriarcas latinos do Oriente.

4. Qual dos temas abordados no Concílio de Vienne estava sob pressão do Rei Filipe IV da França?
   a) As desavenças dentro da Ordem Franciscana.
   b) A legitimidade da eleição de Clemente V.
   c) A Cruzada na Terra Santa.
   d) A dissolução da Ordem dos Templários.
   e) A salvação pelas obras.

5. Quais foram as soluções propostas pelos teólogos para o Grande Cisma do Ocidente, findado com o Concílio de Constança?
   a) A volta da interferência imperial na eleição do papa e o fim da eleição por conclave.
   b) A substituição do papa pelo Colégio dos Cardeais ou por um conselho de bispos.
   c) A renúncia de todos os candidatos ou a realização de um concílio geral.
   d) A realização de um concílio geral e a eleição de um novo papa pelo imperador.
   e) A inserção de um modelo eclesial presbiteriano.

## Atividades de aprendizagem

### Questões para reflexão

1. Releia as seções referentes aos Concílios de Lião II e Basileia-Ferrara-Florença. Qual seria a causa de as uniões sancionadas nesses concílios terem durado tão pouco tempo?

2. Releia a seção referente aos Concílios de Basileia-Ferrara-Florença e Latrão V. Por que motivo as reformas propugnadas por esses dois concílios não tiveram grandes efeitos na prática?

### Atividade aplicada: prática

1. Releia as seções deste capítulo referentes aos concílios lateranenses e compare a concepção sobre a relação entre Igreja, poder secular e bens eclesiásticos com as concepções atuais das relações entre Igreja e Estado.

# 4 Os Concílios da Modernidade[1]

---

[1] A edição da Bíblia utilizada para a elaboração deste capítulo é a da Editora Ave Maria (Bíblia..., 2011).

Este capítulo engloba três concílios bastante distintos, que se realizaram em contextos históricos igualmente bem delimitados. Podemos dizer que Trento e Vaticano I tiveram em comum uma dimensão mais apologética, voltada à defesa da doutrina contra os erros específicos de suas épocas, enquanto o Vaticano II teve um caráter de acentuação pastoral, que visava dialogar com o mundo moderno.

## 4.1 O Concílio de Trento (1545-1548, 1551-1552, 1562-1563)

O tema da reforma da Igreja não era completamente ignorado no século XVI. Como vimos, ele foi tratado durante grande parte dos concílios medievais. Além dos esforços dos concílios papais por uma reforma da Igreja "na cabeça e nos membros", houve também iniciativas locais em algumas dioceses e ordens religiosas. Podemos citar como exemplos as reformas do Cardeal-primaz da Espanha, Francisco Jiménez de Cisneros (1436-1517), na organização das ordens religiosas e na fundação da Universidade de Alcacá, ou as reformas do Bispo Gian Matteo Gilberti (1495-1543), na diocese de Verona (Mullet, 1999).

Entretanto, não foram só os abusos morais do clero e a ignorância dos fiéis que produziram as Reformas Protestantes, mas outra concepção doutrinária. Os reformadores protestantes achavam a Igreja Romana corrompida não somente pela conduta de seus membros, mas porque acreditavam que ela havia alterado as doutrinas do que eles entendiam ser a Igreja primitiva. Se, por um lado, os movimentos protestantes beberam de alguns elementos do Humanismo (desenvolvimento da prensa tipográfica, renovação dos estudos das línguas antigas, crítica textual etc.), de outro havia também divergências.

Os humanistas do Renascimento supervalorizavam o livre-arbítrio humano, enquanto calvinistas e luteranos tinham uma visão mais restritiva do livre-arbítrio (Delumeau, 1989).

Surgiram três grandes ramos nas Reformas Protestantes, que apresentamos no quadro a seguir.

Quadro 4.1 – As diferentes reformas protestantes

| Luteranos | Calvinistas | Anglicanos |
|---|---|---|
| Seguiam as interpretações de Martinho Lutero (1483-1546). Os luteranos sintetizaram suas doutrinas na Confissão de Fé, redigida na Dieta imperial de Augsburgo em 1530, conhecida como *Confessio Augustana*. Difundiram-se especialmente no norte da Alemanha, onde vários Principados adotaram a Confissão de Augsburgo como doutrina religiosa oficial. Os reinos escandinavos também adotaram a Reforma em sua vertente luterana, mas com uma estrutura mais tradicional na hierarquia eclesiástica. | Seguiam as interpretações e doutrinas de João Calvino (1509-1564), que foram expostas de forma sistemática no seu livro *Institutas da Religião Cristã*, publicado primeiramente na Suíça em 1536. Difundiram-se inicialmente na Suíça, onde as autoridades civis da maior parte dos Cantões[2] adotaram a Reforma nos moldes de Calvino. Parte da nobreza francesa apoiou os calvinistas, mas foi na Holanda onde conseguiram se estabelecer mais firmemente. Os Reformados/Presbiterianos da Escócia e os Puritanos da Inglaterra seguiam doutrinas e organizações eclesiais semelhantes ao modelo de Calvino | A Igreja da Inglaterra foi declarada independente de Roma pelo Ato de Supremacia votado pelo Parlamento inglês e sancionado pelo Rei Henrique VIII (1509-1547) em 1534. Inicialmente um cisma da Igreja Católica, a Igreja Anglicana recebeu influências das doutrinas calvinistas durante os reinados de Eduardo VI (1547-1553) e Elizabeth I (1558-1603), tendo definido sua doutrina oficial em 1563, com a publicação dos 39 artigos de Religião. |

Tendo em vista os três grandes ramos das Reformas Protestantes, podemos afirmar que, em nível doutrinal e teológico, as divergências entre protestantes e católicos estavam ligadas aos seguintes elementos:

---

2 A Suíça, desde o final da Idade Média, era organizada na forma da Confederação Helvética, uma união de regiões administrativas autônomas denominadas Cantões.

salvação pela fé, teologia sacramental, sacerdócio universal dos fiéis e exclusividade das Escrituras como fonte de doutrina e disciplina eclesiástica (Delumeau, 1989). De fato, são esses os temas tratados de forma mais exaustiva nas confissões de fé redigidas pelas comunidades protestantes do século XVI. Nesse sentido, é importante ressaltar que os protestantes mantinham em comum com os católicos as doutrinas trinitárias e cristológicas como haviam sido formuladas nos sete primeiros concílios ecumênicos.

O padre Martinho Lutero havia se colocado sob a proteção do príncipe-eleitor da Saxônia, Frederico III (1483-1525), após a publicação das 95 teses sobre as indulgências. Em 1518 e em 1520, Lutero escreveu apelos em favor de um concílio geral. Entretanto, o concílio por ele concebido não deveria ser presidido pelo papa, como o fora o V lateranense, posto que Lutero entendia que a assembleia conciliar deveria também avaliar a conduta do papa. O Papa Leão X excomungou Lutero em 1521. Na dieta imperial de 1523, os partidários de Lutero e os católicos igualmente concordaram em convocar um concílio em terras alemãs, sem a presidência papal (Venard, 1995).

Segundo Venard (1995), o imperador alemão Carlos V de Habsburgo (1519-1556) desejava um concílio geral para reforçar a condenação às doutrinas de Lutero e promover a reforma da Igreja. Entretanto, o Papa Clemente VII (1523-1534) temia que as ideias de Lutero pudessem favorecer o conciliarismo, minando sua autoridade. O Rei Francisco I da França (1515-1547) tinha interesse em manter a Alemanha dividida para enfraquecer o poder da família austríaca dos Habsburgo e por isso, opunha-se à realização de um concílio geral para a reforma da Igreja.

Foi sob o pontificado de Paulo III (1534-1549) que se iniciaram os preparativos para o novo concílio. O novo papa buscou nomear para o cardinalato homens instruídos e alinhados com a causa reformadora. Esses novos cardeais mais outros membros da Cúria integraram uma comissão preparatória que redigiu o relatório *Consilium emendanda Ecclesia* (1537), no qual tratavam dos males que existiam na Igreja daquela época. Inicialmente, Paulo III pensou em reunir o concílio em Mântua, próximo aos territórios papais, o que foi rejeitado pelos que defendiam um concílio em terras alemãs. O impasse foi resolvido em 1542, com a escolha da cidade italiana de Trento, localizada nos Alpes. Apesar de italiana, Trento pertencia ao império, o que satisfazia as expectativas dos alemães (Venard, 1995).

Com a assinatura da paz entre o império e a França, em 17 de dezembro de 1544, o papa obteve a adesão do monarca francês ao projeto conciliar, convocando o concílio em 19 de novembro de 1544. O concílio, que estava previsto para começar em 15 de março de 1545, iniciou-se somente em 13 de dezembro, dadas as divergências entre os participantes (Venard, 1995).

O Concílio de Trento teve na sua sessão de abertura, presidida pelos legados pontifícios, 4 cardeais, 21 bispos, 4 arcebispos e 5 superiores de ordens religiosas. Na última fase, contou com 236 bispos e 17 superiores de ordens e congregações religiosas. Houve poucos participantes da Espanha, França e Alemanha e número pequeno de ingleses e poloneses. A maior parte dos membros do concílio eram italianos (o que não produzia certa unidade, pois a Itália era politicamente dividida na época). Os teólogos (geralmente ligados às ordens e congregações religiosas) tiveram uma participação significativa, preparando em comissões os documentos que eram discutidos e votados pelos bispos. Os embaixadores do imperador, dos reis e dos príncipes também compareciam às sessões, buscando igualmente influenciar os rumos da assembleia e manter seus monarcas informados daquilo que se passava. Uma equipe de secretários também redigia as atas e os documentos das reuniões conciliares (Venard, 1995).

O papa pretendia tratar principalmente de questões doutrinárias no concílio, reforçando sua autoridade e a condenação dos protestantes. O Imperador Carlos V pretendia que o concílio tratasse de uma reforma mais ampla, o que lhe permitiria fazer as pazes com os príncipes alemães adeptos de um luteranismo mais moderado. Ainda se temia, por parte da Cúria, um ressurgimento do conciliarismo (Venard, 1995).

O Concílio de Trento pode ser dividido em três fases, que sistematizamos no quadro a seguir.

Quadro 4.2 – As três fases do Concílio de Trento

| | |
|---|---|
| 1545 a 1548 | A primeira fase contou com quatro sessões (8 de abril e 17 de junho de 1546; 13 de janeiro e 3 de março de 1547). Foram definidas questões relativas a verdades de fé, sacramentos, justificação e pontos de reforma (forma encontrada pelos legados para conciliar os objetivos do papa e do imperador). Em março de 1547, a grande maioria dos padres conciliares concordou em se transferir para Bolonha, onde havia mais recursos materiais e bibliotecas e por receio de uma epidemia. Carlos V, de Habsburgo, obrigou os bispos alemães e espanhóis[3] a permanecerem em Trento. Em 24 de abril do mesmo ano, o imperador havia derrotado a Liga de Schmalkalden, formada pela nobreza alemã protestante. As comissões continuaram seus trabalhos em Bolonha, obtendo progressos nas formulações sobre os sacramentos. Em 13 de setembro de 1549, o concílio transladado para Bolonha encerrou suas atividades. |
| 1551 a 1552 | O Papa Júlio III (1549-1555) convocou novamente o concílio em Trento, que voltou a se reunir em 1º de maio de 1551. Nessa fase, houve maior influência do imperador, o que fez com que houvesse maior participação do episcopado alemão e espanhol. No âmbito geral, havia cerca de 50 membros do concílio. Uma delegação protestante foi ouvida pelo Concílio, mas suas exigências de rediscutir conjuntamente os aspectos doutrinais abordados na primeira fase não foram atendidas. O concílio foi interrompido em 28 de abril de 1552, devido à nova guerra contra Carlos V, formada por uma aliança de príncipes protestantes apoiados pelo Rei Henrique II da França (1547-1559). As batalhas chegaram próximo das localidades de Trento. |

*(continua)*

3 O Imperador Carlos V havia herdado a coroa dos reinos de Castela-Leão e Aragão em 1516, por ser filho de Filipe I de Castela (1504-1506) e Joana I de Castela (1504-1555). As coroas espanholas lhe garantiam domínio sobre as possessões castelhanas no norte da África e na América e o Reino da Sicília (pertencente à Coroa de Aragão).

|  |  |
|---|---|
| 1562 a 1563 | *(Quadro 4.2 - conclusão)* Rein ciado em 18 de janeiro de 1562, por ordem do Papa Pio IV (1559-1565), após um período de reformas rígidas por iniciativa pessoal do Papa Paulo IV (1555-1559) e conflitos entre Alemanha e França. Nessa terceira fase houve maior participação do episcopado francês. Em 15 de julho de 1563 (sessão XXII), votaram-se decretos de reforma que buscavam um meio-termo entre as propostas reformistas da cúria e a proposta dos bispos franceses. Na sessão XXIV, de 11 de novembro de 1563, promulgaram-se as doutrinas sobre o matrimônio. As últimas sessões do concílio repassaram e aprovaram novamente os textos de todas as fases anteriores, resguardando a unidade do concílio interrompido duas vezes (Venard, 1995). |

Fonte: Elaborado com base em Venard, 1995.

Sobre as resoluções doutrinais afirmadas pelo concílio tridentino, é importante ressaltarmos suas definições acerca das fontes da Revelação, da doutrina sobre a Salvação e da doutrina sobre os sacramentos.

Na quarta sessão, em 8 de abril de 1546, o decreto do concílio afirmou a legitimidade das Escrituras juntamente com as tradições dos padres e o ensino da Igreja com igual paridade:

> O sacrossanto Sínodo ecumênico e geral de Trento,
>
> legitimamente reunido no Espírito Santo,...
>
> tendo sempre diante dos olhos sua intenção de que, extirpados os erros, se conserve na Igreja a pureza do Evangelho que, prometido primeiramente pelos profetas nas santas Escrituras, nosso Senhor Jesus Cristo, Filho de Deus, promulgou por sua própria boca e então mandou a seus Apóstolos "pregá-lo a toda criatura" [Mc 16,15] como fonte de toda a verdade salutar e de toda a ordem moral, vendo claramente que essa verdade e essa ordem estão contidas em livros e tradições não escritas que, recebidas pelos Apóstolos da boca do próprio Cristo ou transmitidas como que de mão em mão pelos Apóstolos, sob o ditado do Espírito Santo, chegaram até nós, seguindo o exemplo dos Padres ortodoxos, recebe e venera, com igual sentimento de piedade e <igual> reverência, todos os livros tanto do Novo como do Antigo Testamento, já que o

mesmo Deus é o autor de ambos; e <recebe e venera> igualmente as tradições concernentes tanto à fé como aos costumes, como provenientes da boca de Cristo ou ditadas pelo Espírito Santo e conservadas na Igreja católica por sucessão contínua. (Denzinger, 2007, p. 395)

Com relação à doutrina sobre a salvação, o concílio sintetizou nos cânones sancionados na sexta sessão, de 13 de janeiro de 1547, a necessidade da fé, da graça e da cooperação por meio das boas obras para a obtenção da salvação:

> Cân. 9. Se alguém disser que o ímpio é justificado pela fé só, no sentido de que não se requer nada além desta para cooperar na consecução da graça da justificação, e que não é de modo algum necessário que ele se prepare e se disponha um ato de sua vontade: seja anátema.
>
> [...]
>
> Cân. 11. Se alguém disser que os homens são justificados ou pela mera imputação de justiça de Cristo ou pela mera remissão dos pecados, excluídas a graça e a caridade, que são derramadas em seu coração pelo Espírito Santo [cf. Rm 5,5] e se tornam a eles inerentes; ou também <se disser> que a graça com que somos justificados é só favor de Deus: seja anátema.
>
> [...]
>
> Cân. 18. Se alguém disser que, também para o homem justificado e constituído em graça, os mandamentos de Deus são impossíveis de observar: seja anátema.
>
> [...]
>
> Cân. 26. Se alguém disser que os justos não devem, pelas boas obras feitas em Deus [cf. Jo 3,21], aguardar e esperar de Deus a eterna recompensa por sua misericórdia e pelo mérito de Jesus Cristo, se, operando o bem e observando os divinos mandamentos,

tiverem perseverado até o fim [cf. Mt 10,22; 24,13]: seja anátema. (Denzinger, 2007, p. 412-414)

Entre os protestantes havia divergências sobre o número de sacramentos legítimos, assim como a natureza, a eficácia e a função deles. Lutero, por exemplo, aceitava a presença real de Cristo na Eucaristia apesar de negar o conceito de "transubstanciação". Calvino, por outro lado, considerava a presença de Cristo na Eucaristia espiritual e vinculada à fé de quem comungava. Com relação aos sacramentos aceitos, os escritos luteranos referem-se à Eucaristia e ao Batismo como sacramentos e aceitam a confissão. Os escritos calvinistas admitem a existência apenas dos sacramentos do Batismo e da Eucaristia. A hierarquia eclesiástica era vista em um sentido ministerial, mas não sacramental. Já nos 39 artigos de religião, a Igreja da Inglaterra admitia a existência de dois sacramentos maiores de instituição do próprio Cristo (Batismo e Ceia do Senhor) e de outros sacramentos menores de instituição eclesiástica.

Havia também o problema do entendimento acerca do caráter sacrifical da missa. Os protestantes em geral rejeitavam que a missa fosse renovação ou atualização do sacrifício de Cristo na cruz. Negavam especialmente a finalidade propiciatória (de obter o perdão dos pecados) da missa.

Para combater as doutrinas protestantes, o concílio tridentino desenvolveu extensa argumentação e diversos cânones sobre cada um dos sete sacramentos, como o Cânon 1, sobre os sacramentos em geral, do decreto emanado em 3 de março de 1547:

> Cân. 1. Se alguém disser que os sacramentos da Nova Lei não foram todos instituídos por nosso Senhor Jesus Cristo; ou que são mais ou menos do que sete, a saber: batismo, confirmação, Eucaristia,

penitência, extrema-unção, ordem e matrimônio; ou também que algum destes sete não é sacramento no sentido verdadeiro e próprio: seja anátema. (Denzinger, 2007, p. 416)

Nos demais cânones sobre os sacramentos, a assembleia conciliar afirmou, de forma especial, o caráter sacrifical da missa e sua relação com o sacrifício da cruz de Cristo e as características do sacerdócio dos ministros ordenados, em especial na sua função de administrar os sacramentos aos fiéis.

O Papa Pio IV confirmou o Concílio de Trento (bula *Benedictus Deus*, 26 de janeiro de 1564) e organizou uma comissão para aplicar as medidas e os decretos conciliares (Venard, 1995). Assim, o concílio era concluído de forma a reafirmar a autoridade do papa e afastar a legitimidade do conciliarismo.

O que tornou a reforma católica do século XVI diferente das aspirações tardo-medievais foi o empenho na restauração do papado e de seu prestígio (Mullet, 1999), bem como certa cooperação (sempre difícil) com os principais reinos e principados da cristandade ocidental. As regiões católicas da Alemanha e da Suíça, bem como os reis de Portugal e Polônia e as cidades e principados italianos aceitaram Trento por meio dos representantes enviados ao concílio. O Rei Filipe II da Espanha (1556-1598) aceitou o concílio em 1564 sem, contudo, renegar os privilégios tradicionais dos monarcas ibéricos sobre a Igreja em seus reinos. Apesar disso, o rei espanhol impôs a aceitação do concílio na Holanda. Na França, onde o clero estava ligado fortemente ao rei por concessões feitas desde os tempos de Leão X, a recepção de Trento (embora exigida por grande parte do clero) só foi efetivada pelo poder régio no século XVII (Venard, 1995). Os domínios de Portugal e Espanha no além-mar também não receberam completamente os decretos tridentinos, haja vista que sua organização eclesiástica estava sob o regime do Padroado e do Beneplácito régio.[4]

Nos países e Igrejas Protestantes, o Concílio Tridentino foi ignorado, considerado um concílio papal e, portanto, desprovido de autoridade. Nos países católicos, contribuiu para uma maior centralização da Cúria Pontifícia e um maior esforço na formação doutrinal do clero e dos fiéis. Um exemplo desse esforço foi a promulgação, sob Pio V (1566-1572), do Catecismo Romano.

## 4.2 O Concílio Vaticano I (1869-1870)

O século XIX foi marcado no plano político e ideológico pelo triunfo do liberalismo. Isso significou o triunfo de uma economia industrial em expansão na Europa e na América do Norte, bem como a ascensão de regimes parlamentares, baseados no sufrágio (censitário ou universal) masculino. As possessões e colônias ultramarinas europeias alcançavam a independência e buscavam também organizar-se em modelos políticos mais ou menos liberais. No âmbito das ideias, isso gerava na mentalidade dos países ocidentais industrializados uma crença inabalável no progresso material e científico, aliado a um etnocentrismo[5] que via a sociedade europeia oitocentista como o ápice da civilização humana. Nesse sentido, questionavam-se as crenças que haviam

---

4 O Padroado consistia na concessão ao monarca para fundar igrejas, dioceses e mosteiros, bem como para tomar parte na indicação do clero responsável para essas igrejas e usufruir de parte de seus rendimentos. O Beneplácito consistia em um direito do monarca de poder validar ou vetar decretos papais em seu Reino.

5 Chamamos de *etnocentrismo* o hábito de um indivíduo ou sociedade julgar outra cultura com base em sua própria ótica cultural, vendo sempre a si como superior à cultura avaliada.

formado a sociedade europeia antes da industrialização, especialmente a religião cristã.

Segundo Giuseppe Alberigo (1995b), os problemas enfrentados pela Igreja Católica na metade do século XIX eram: o enfraquecimento do poder temporal do papa nos territórios pontifícios com os movimentos pela unificação política da Itália[6]; os conflitos entre as escolas teológicas romana e alemã; bem como o temor de uma independência do episcopado francês em relação à Sé Apostólica. A primeira menção a um novo concílio foi feita pelo cardeal Luigi Lambruschini ao Papa Pio IX (1846-1878), em 1849, sendo que o pontífice se decidiu favoravelmente apenas em 1864. Antes disso, é necessário relembrarmos alguns eventos importantes.

Em 1846, Pio IX tinha concedido anistia aos presos políticos dos territórios pontifícios e no ano seguinte iniciou uma série de reformas políticas nos Estados papais, o que, de início, lhe angariou a simpatia dos liberais. Quando, contudo, rejeitou o pedido de um grupo de revolucionários de se tornar o presidente de uma Itália unificada e republicana (1847), iniciou-se um forte antagonismo entre os movimentos liberais (apoiados por sociedades secretas) e o Romano Pontífice (Mattei, 2000, p. 45-83). Em 1854, Pio IX proclamou como dogma de fé a Imaculada Conceição da Virgem Maria, após consultar o parecer de 600 bispos de todo o mundo católico em cartas que informavam também sobre os problemas pastorais de cada localidade (Alberigo, 1995b).

Em 1864, no mesmo ano em que se decidia pela realização de um concílio, Pio IX publicou o *Syllabus errorum*, um compêndio que listava as principais teses (muitas delas de teólogos que dialogavam com o

---

[6] A Itália, por volta de 1840, era formada por vários Estados independentes politicamente, entre os quais o Reino de Piemonte-Sardenha, o Reino das Duas Sicílias, o Reino da Lombardia e o Patrimônio de São Pedro (Estados Pontifícios). Alguns territórios ao norte pertenciam ao Império Austro-Húngaro.

liberalismo) consideradas errôneas pela Igreja Católica[7]. Em 1865, criou uma comissão para organizar o concílio e consultou por escrito cerca de 36 bispos sobre os assuntos que a nova assembleia conciliar deveria abordar. O anúncio do concílio foi feito em 26 de maio de 1867, e em setembro, iniciaram as atividades das cinco comissões preparatórias presididas por um cardeal cada uma, auxiliados por teólogos e canonistas alinhados com a Cúria Romana. As comissões tratavam de: 1) doutrina; 2) disciplina eclesiástica; 3) ordens e congregações religiosas; 4) missões e relações com o Oriente; e 5) relações com os Estados. A convocação oficial do Concílio se deu na primavera de 1868: foram convidados os bispos titulares (que não possuíam diocese) e os bispos diocesanos. Não foram convidados os chefes de Estado e seus representantes, e aos ortodoxos e protestantes dirigiu-se um convite genérico que foi praticamente ignorado (Alberigo, 1995b).

O ano de 1869 foi sacudido por polêmicas na imprensa e em correspondências entre homens da Igreja sobre o tema da infalibilidade papal. Por um lado, o jornal *La Civiltá Cattolica*, coordenado pelos jesuítas italianos, publicava um artigo defendendo que o concílio enfatizasse as condenações do *Syllabus*, a infalibilidade do papa, e proclamasse como dogma de fé a Assunção da Virgem. Por outro lado, o historiador Ignaz von Döllinger, da Universidade de Munique, tentou influenciar o corpo diplomático de vários países europeus para que dissuadissem o papa de tratar da infalibilidade no concílio. Contra a infalibilidade também havia se pronunciado o Bispo Dupanloup de Órleans, publicando um texto em que rebatia teses infalibilistas do arcebispo Manning de Westminster (Alberigo, 1995b).

---

7 Interessante notar que Pio IX não era contra o progresso científico e tecnológico. Quando condenou a ideia de que a Igreja deveria se conciliar com o progresso e a cultura moderna no *Syllabus*, ele o fez considerando o conceito de progresso vigente na época (que considerava toda mudança acompanhada de descobertas científicas e tecnológicas como essencialmente boas) e o aspecto relativista da cultura dominante no mundo ocidental oitocentista, que relativizava as verdades advindas da Revelação ou escarnecia delas.

Em 2 de dezembro de 1869 foi distribuído o regulamento do concílio aos participantes reunidos na Capela Sistina. O Concílio Vaticano I iniciou-se em 8 de dezembro de 1869, tendo como local de reunião a nave direita da Basílica de São Pedro. Participaram cerca de mil pessoas, sendo 744 bispos. A América foi representada por 121 clérigos, a Ásia, por 41, a Oceania, por 18, e a África, por 9. Os participantes dividiam-se teologicamente entre os pró e os contra a infalibilidade papal (Alberigo, 1995b).

Na primeira etapa do concílio, entre 10 de dezembro de 1869 e 22 de fevereiro de 1870, as comissões e a assembleia conciliar discutiram, sem chegar a uma conclusão, as questões dos erros atribuídos ao racionalismo e à disciplina do clero (Alberigo, 1995b). Entre janeiro e março de 1870, os padres conciliares discutiram o esquema *De Ecclesia*, texto preliminar para uma constituição que trataria da eclesiologia, da hierarquia eclesiástica e das prerrogativas do papa. O texto suscitou algumas resistências por não aprofundar o papel dos bispos na hierarquia e não conter inicialmente o assunto sobre a infalibilidade papal, que foi incluído somente em março (Alberigo, 1995b).

Entre 18 de março e 19 de abril, discutiu-se a constituição *Dei Filius*, que tratava da Revelação e da relação entre fé, razão e ciência. Na terceira sessão do concílio (24 de abril), presidida pelo Papa Pio IX, foi aprovada a constituição com 667 votos favoráveis, sancionados pelo pontífice romano (Alberigo, 1995b).

Entre os dias 13 de maio e 13 de julho, discutiu-se o esquema *De Romano Pontifice*, sobre as prerrogativas e a infalibilidade do papa. O esquema (que tentou equilibrar a doutrina da infalibilidade contra a minoria anti-infalibilista e a dos infalibilistas ultramontanos[8]) foi primeiramente votado em 13 de julho, com pareceres contrários ou parciais por parte de um quarto da assembleia. Em 18 de julho, o

---

8   Os ultramontanos eram um grupo que concebia de forma exagerada a infalibilidade papal.

esquema (transformado na Constituição *Pastor Aeternus*) foi votado em sessão solene com apenas dois votos contrários dos 535 participantes. A *Pastor Aeternus* atribuía ao papa infalibilidade em alguns contextos e condições delimitadas, quando ele se pronunciava na condição de pastor universal em nome de toda a Igreja (*ex cathedra* = a partir da Cátedra) sobre questões de fé e moral. Um dia depois da promulgação da constituição sobre a infalibilidade, iniciou-se na Europa a Guerra Franco-Prussiana (1870-1871) (Alberigo, 1995b).

Vejamos o cerne da declaração sobre a infalibilidade do papa:

> Por isso, Nós, apegando-nos à tradição recebida desde o início da fé cristã, para a glória de Deus nosso Salvador, para exaltação da religião católica e a salvação dos povos cristãos, com a aprovação do Sagrado Concílio, ensinamos e definimos como dogma divinamente revelado:
>
> O Romano Pontífice, quando fala ex cathedra – isto é, quando, no desempenho do múnus de pastor e doutor de todos os cristãos, define com sua suprema autoridade apostólica que determinada doutrina referente à fé e à moral deve ser sustentada por toda a Igreja –, em virtude da assistência divina prometida a ele na pessoa do bem-aventurado Pedro, goza daquela infalibilidade com a qual o Redentor quis estivesse munida a sua Igreja quando deve definir alguma doutrina referente à fé e aos costumes; e que, portanto, tais declarações do Romano Pontífice são, por si mesmas, e, não apenas em virtude do consenso da Igreja, irreformáveis.
>
> [Cânon] Se. porém – o que Deus não permita –, alguém ousar contradizer essa nossa definição seja anátema. (Denzinger, 2007, p. 659-660)

Entre julho e agosto, as comissões tentaram continuar o trabalho voltando-se especialmente para o tema das missões, mas a continuidade da guerra entre Prússia e França, bem como a tomada de Roma em 20 de setembro pelo exército unificador italiano, obrigou Pio IX a interromper o concílio sem previsão de retorno em 20 de outubro (Alberigo, 1995b). De fato, o concílio não voltou a se reunir nem mesmo sob o pontificado seguinte de Leão XIII (1878-1903). A perda dos territórios pontifícios e o desentendimento com o Estado italiano foram golpes duros no papado daquele tempo. Também o esquema sobre os bispos e seu papel na Igreja não pôde ser continuado, o que contribuiu para criar a impressão de que o concílio supervalorizara o pontífice romano em detrimento do episcopado.

A maioria dos anti-infalibilistas aceitou as definições do Concílio Vaticano I, embora um pequeno grupo na Europa Central tenha se separado da comunhão com a Igreja Católica Romana, formando a Igreja Veterocatólica ("Velhos Católicos"). A proclamação da infalibilidade papal não transformava o papa em um monarca absoluto, já que o próprio Pio IX apoiou, em 1875, uma circular dos bispos alemães que afirmava os direitos dos bispos, refutando um documento da chancelaria prussiana de 1872 que se referia aos bispos como meros representantes papais (Alberigo, 1995b). A proclamação da infalibilidade papal, no contexto do século XIX, era vista pela Igreja como uma firme certeza diante das diversidades de opiniões e dos questionamentos que as ideologias daquele tempo levantavam.

## 4.3 Os antecedentes do Concílio Vaticano II (ca. 1920-1950)

Os papas do final do século XIX e início do XX, por uma série de questões (hostilidade das novas correntes filosóficas e políticas, isolamento político da Santa Sé com a unificação italiana, o modelo tridentino[9]), haviam cultivado um estilo de governo bastante administrativo, centrado na Cúria e em seus dicastérios. Havia também a preocupação da Igreja com o crescimento do socialismo, do comunismo e de outras ideologias da época (Alberigo, 1995c).

Como precursores da renovação do Concílio Vaticano II, houve o movimento litúrgico, o movimento bíblico e o movimento ecumênico. Já havia um movimento entre os monges beneditinos de Solesmes no final do século XIX visando a uma melhor celebração da liturgia romana e a uma restauração do canto gregoriano. O movimento litúrgico do século XX visava a um maior estudo e conhecimento da liturgia da Igreja, possibilitando uma participação mais ativa e consciente dos fiéis leigos. Nesse sentido, o movimento litúrgico ganhou força com a encíclica *Mediator Dei*, do Papa Pio XII (20 de novembro de 1947), e com as reformas que o mesmo pontífice promoveu na liturgia da Semana Santa, em 1955. Esse movimento também foi caracterizado por um estudo da história e da espiritualidade da Liturgia. Alguns liturgistas importantes desse contexto foram o abade italiano Mario Righetti (1882-1975), o sacerdote italiano Romano Guardini (1885-1968) e o jesuíta germânico Josef Andreas Jungmann (1889-1975).

O movimento bíblico visava incluir o estudo das ciências modernas, da filologia e do método histórico-crítico na análise das Escrituras, ampliando o escopo da compreensão do texto bíblico com novos conhecimentos e descobertas. Esse movimento também ganhou impulso sob o pontificado de Pio XII, com a publicação da encíclica *Divino afflante Spiritu*, sobre os estudos bíblicos (1943).

Já no século XIX e início do século XX havia movimentos ecumênicos promovendo o diálogo entre diferentes confissões cristãs,

---

9  Entendemos *modelo tridentino* como um modelo eclesiológico e administrativo centralizado no papa e na Cúria Romana, com acentuado protagonismo do clero na vida da Igreja. De fato, desde o Concílio de Trento a Igreja havia reforçado os âmbitos de exercício prático do primado e do poder papal.

especialmente entre protestantes e grupos ortodoxos, o que foi inicialmente visto com ressalvas pela Igreja Católica, pelo perigo de uma tendência irenista[10]. A aproximação da Igreja Católica com outras confissões cristãs se deu de modo mais intenso após as perseguições em comum que sofreram por parte do nazismo (Bento XVI, 2013).

No âmbito político e cultural, as circunstâncias eram hostis à Igreja. Durante a primeira metade do século XX, a Igreja Católica tinha experimentado perseguições sob regimes socialistas/comunistas[11] e também sob o nazismo, na Alemanha[12]. A Segunda Guerra Mundial (1939-1945) culminou com a derrota do projeto genocida do nacional-socialismo na Europa, mas a vitória contra o Japão ficou marcada pelo potencial destrutivo das bombas atômicas lançadas em Hiroshima e Nagasaki. O mundo pós-guerra era marcado por um forte antagonismo entre o bloco capitalista (liderado pelos Estados Unidos) e o bloco socialista (liderado pela União das Repúblicas Socialistas Soviética – URSS). A disputa era acentuada por uma competição tecnológica e armamentista cujo ápice foi a construção, por ambos os lados, de um poderoso arsenal atômico. Havia o temor de um conflito nuclear entre as duas potências. Esse período de enfrentamento indireto entre esses dois países ficou conhecido na história como *Guerra Fria*.

---

10 Entendemos *irenismo* como uma tendência relativista que tenciona aglutinar todas as confissões cristãs em uma só, ignorando as diferenças doutrinais, como se as questões dogmáticas não fossem importantes.

11 Especialmente na União Soviética, a Igreja Ortodoxa e as Igrejas Católicas (em sua grande maioria igrejas de rito oriental) viviam sob a clandestinidade. Vários líderes católicos e ortodoxos foram presos, enviados para campos de "reeducação" (trabalho forçado) e executados.

12 Na Alemanha nazista houve uma restrição dos direitos da Igreja na esfera pública e na educação, apesar de parte deles ser tutelada por uma concordata entre a Santa Sé e o Estado alemão em 1933. O governo nazista restringiu as liberdades da Igreja e passou a usar ameaças, prisões, deportações, torturas e mortes contra clérigos e leigos que denunciavam as incompatibilidades da ideologia e da prática nazista com a doutrina cristã. Igual sorte sofreram cristãos de denominações protestantes. Comovente é a história do beato Karl Leisner, ordenado sacerdote em uma missa na capela improvisada do campo de concentração de Dachau, em 17 de dezembro de 1944. Na organização da cerimônia, contribuíram também prisioneiros protestantes e judeus.

Nesse contexto cultural surgiu, nos anos 1960, a "revolução sexual", que combatia os códigos morais do mundo ocidental[13]. Essa revolução se associava a um movimento maior de "contracultura"[14], que se expressava na arte, na música, no comportamento etc. Mas voltemos à Igreja. Com relação à teologia, Tracey Rowland (2013) aponta que havia três grandes correntes teológicas nos anos anteriores ao Concílio Vaticano II durante a sua reunião, evidenciadas no quadro a seguir.

Quadro 4.3 – Correntes teológicas católicas no Vaticano II

| | |
|---|---|
| Neotomistas | Surgidos após a renovação dos estudos de Santo Tomás de Aquino no século XIX, impulsionados pelo Papa Leão XIII. Baseavam-se especialmente na interpretação da teologia tomista feita pelos teólogos jesuítas e dominicanos dos séculos XVI e XVII. Seu principal teólogo era o dominicano Réginald Garrigou-Lagrange (1877-1964). |
| Ressourcement/ Nouvelle théologie | Surgidos inicialmente na França, no século XX, buscavam um aprofundamento crítico das fontes da patrística cristã, resgatando a linguagem e o pensamento teológico dos Padres da Igreja. Seus principais expoentes eram dois jesuítas: Henri de Lubac (1896-1991) e Jean Daniélou (1905-1974). |

(continua)

---

13 É importante frisar que o código moral mais difundido e aceito na sociedade ocidental de finais do século XIX e primeira metade do século XX já não era a moral cristã, mas uma caricatura machista dela. Esse código moral, frequentemente chamado de *moral burguesa*, exigia recato e pudor das mulheres, enquanto aceitava um comportamento sexual flexível e extraconjugal por parte dos homens. Para essa mentalidade, não era contraditória a exigência da virgindade da mulher para o casamento e a iniciação sexual dos rapazes em prostíbulos. Como se pode ver, era um modo de pensar bem diferente do ideal cristão, que exige igual vivência da castidade por parte de homens e mulheres.

14 A "contracultura" seria basicamente a ideia de criar uma cultura "alternativa" à cultura dominante na sociedade ocidental da época. Os jovens buscavam expressar sua insatisfação com os valores e costumes da época adotando novos cortes e penteados de cabelos, uma moda diferente, cultivando estilos musicais distintos dos apreciados pelas gerações anteriores. No âmbito das ideias, difundiam a ideia do "amor livre" (dissociado do casamento e dos padrões familiares), pacifismo (crítica ao patriotismo e às guerras fomentadas especialmente pelas grandes potências), crítica ao consumismo etc. Podemos dar como exemplos dos movimentos de contracultura o estilo musical do *rock 'n' roll*, a geração *Beat* dos anos 1950, o movimento *hippie* dos anos 1960 e os protestos estudantis iniciados em Paris em maio de 1968.

*(Quadro 4.3 – conclusão)*

| Tomistas transcendentais | Grupo de belgas e alemães do século XX que buscavam estabelecer um diálogo entre a teologia e a filosofia de Santo Tomás de Aquino e alguns elementos da filosofia de Immanuel Kant (1724-1804). Seu principal representante era o jesuíta Karl Rahner (1904-1984). |
|---|---|

Fonte: Elaborado com base em Rowland, 2013.

Com a Encíclica *Humani Generis*, de Pio XII (1950), os teólogos do *Ressourcement* foram temporariamente silenciados, pois acreditava-se que algumas de suas ideias poderiam conduzir a uma relativização dos dogmas católicos. Entretanto, na década de 1960, o Papa João XXIII (1958-1963) reabilitou os ditos *teólogos*, convidando vários deles para o Concílio Vaticano II (Rowland, 2013).

## 4.4 O Concílio Vaticano II (1962-1965)

Em 28 de outubro de 1958 foi eleito papa o Cardeal Ângelo Roncalli, nascido em 1881, na pequena aldeia italiana de Sotto il Monte. Roncalli tinha 77 anos e escolheu o nome de João. Em 25 de janeiro de 1959, o Papa João XXIII anunciou o desejo de convocar um sínodo diocesano em Roma e um concílio ecumênico (Alberigo, 2013). Em outro discurso, no dia 26 de abril de 1959, o pontífice falou, sem deixar muito claro, sobre as questões a serem abordadas, da necessidade de distinguir entre o Evangelho imutável e as circunstâncias mutáveis, indicando os sinais dos tempos:

> [é necessário] distinguir entre o que é princípio sagrado, evangelho eterno, do que é mutabilidade dos tempos [...]. Estamos entrando numa época que poderia chamar-se missão universal ocorre fazer nossa a recomendação de Jesus, de saber distinguir "os sinais

dos tempos" e descobrir no meio de tantas trevas, não poucos indícios que fazem bem a gente esperar. (João XXIII, citado por Alberigo, 2013, p. 19)

Tratava-se do primeiro concílio ecumênico após o surgimento dos meios de comunicação de massa, como o rádio e a televisão. Isso fez com que, naturalmente, o discurso de anúncio do concílio do papa provocasse repercussão nos diferentes continentes e expectativas acerca do que seria abordado nessa reunião. Tais expectativas, contudo, encontravam resistência e pouco entusiasmo nos círculos da Cúria Romana e maior acolhida entre os grupos ligados aos movimentos bíblico, litúrgico e ecumênico (Alberigo, 2013).

No mesmo ano do anúncio do concílio, que João XXIII havia assinalado como uma oportunidade de aproximação às comunidades cristãs separadas, o papa começou a receber representantes do patriarcado grego-ortodoxo de Constantinopla, do Conselho Ecumênico das Igrejas e do arcebispado anglicano da Cantuária (Alberigo, 2013). Nesse sentido, o concílio se pretendia "ecumênico" em seu sentido original e tradicional, mas também no sentido moderno, de busca pela unidade entre as diferentes confissões cristãs.

Em 17 de maio de 1959, na festa de Pentecostes, o papa instituiu a comissão antepreparatória para os trabalhos do concílio, formada por membros dos dicastérios da Cúria Romana. Essa comissão elencou os temas a serem abordados pela futura assembleia conciliar, como família, apostolado leigo, relações entre Igreja e Estado etc. A comissão era submetida à Secretaria de Estado da Santa Sé. No dia 14 de julho, João XXIII informou ao Cardeal Tardini que o concílio se chamaria *Vaticano II*, tendo, portanto, uma agenda nova e não constituindo uma continuação do Vaticano I (1869-1870), que havia sido interrompido por causa da Guerra Franco-Prussiana e da tomada de Roma pelo exército unificador italiano. Entre setembro de 1959 e janeiro de 1960, a comissão recebeu, sintetizou e organizou por regiões os temas sugeridos pelos diversos bispos do mundo todo que foram consultados acerca das questões que deveriam ser abordadas no concílio (Alberigo, 2013).

Entre 1960 e 1962, as dez comissões temáticas trabalharam na fase preparatória do concílio, evidenciando, entre elas, duas realidades novas: uma comissão para o apostolado dos leigos e o Secretariado para a Unidade dos Cristãos, recentemente criado pelo papa. Em 2 de fevereiro de 1962, João XXIII concluiu a fase preparatória, assinalando três elementos que constituiriam o novo concílio (Alberigo, 2013):

1. O *aggiornamento* – adaptar-se aos novos tempos, "colocar as coisas em dia".
2. O caráter eminentemente pastoral – tratar de apresentar a fé cristã em uma linguagem mais acessível aos novos tempos e preparar a Igreja para atuar em um mundo de rápidas mudanças como se caracterizava o mundo do pós-guerra.
3. Liberdade efetiva de expressão dos bispos no concílio.

Na rádio-mensagem de 11 de setembro de 1962, João XXIII expressou o desejo da Igreja de estar próxima de todos os povos, especialmente dos mais pobres, nos países subdesenvolvidos. Giuseppe Alberigo (2013) recorda a importância dessas palavras em um momento em que ocorria o processo de descolonização em muitos países da África e da Ásia. De certa forma, o concílio desejado pelo papa também visava representar em seu seio a universalidade da Igreja, que, em meados do século XX, já se encontrava difusa sobre os cincos continentes do orbe terrestre.

As comissões preparatórias organizaram também o regulamento do concílio, que se deu basicamente em três níveis, conforme exposto no quadro a seguir.

Quadro 4.4 – Níveis das comissões preparatórias do Vaticano II

| Plenário | As congregações gerais de participantes conjuntamente discutiam os temas. |
|---|---|
| Grupos de trabalho | As comissões se reuniam separadamente para a redação dos textos conciliares. Esses textos (redigidos sempre em latim) eram posteriormente enviados às sessões solenes/oficiais, onde todos os bispos reunidos votavam acerca deles. Reuniam-se no período da tarde, em diferentes lugares em Roma ou em suas adjacências. |
| Sessões solenes ou oficiais | Votavam os textos redigidos pelas comissões. Eram celebradas pela manhã, precedidas da missa e da entronização dos Evangelhos. Os participantes se reuniam sentados sob a nave central da Basílica de São Pedro. Votavam pela aprovação plena (*placet*), aprovação condicional (*placet iuxta modum*) ou reprovação (*non placet*). Requeria-se dois terços de votos para a aprovação de um texto. |

Fonte: Elaborado com base em Alberigo, 1995a, 2013.

Também foram autorizadas as presenças de "peritos" (especialistas em algum tema) para serem consultados nos grupos de trabalho, bem como de "observadores" de outras denominações cristãs nas congregações gerais e sessões solenes. A diplomacia da Santa Sé negociou também secretamente com o governo soviético a fim de conseguir autorização para que bispos católicos da Europa Oriental e da Rússia pudessem comparecer ao concílio (Alberigo, 2013).

O Concílio Vaticano II iniciou-se solenemente em 11 de outubro de 1962, tendo se reunido os bispos na nave central da Basílica de São Pedro sob a presidência do papa. Estavam presentes 1.041 bispos da Europa, 956 do continente americano, 379 da África e cerca de 300 provenientes da Ásia. Um total de 2.676 bispos, um número consideravelmente maior do que todos os concílios anteriores. No discurso inaugural, João XXIII enfatizou o caráter pastoral do concílio, que deveria se empenhar em apresentar a doutrina da Igreja de forma compreensível para a linguagem do pensamento moderno, distinguindo claramente o conteúdo e a forma de expressar o *depositum fidei*, isto é, o depósito da fé, o conteúdo da doutrina cristã (Alberigo, 2013).

Podemos dividir o Concílio Vaticano II em duas fases concernentes a cada um dos pontificados que perpassaram essa assembleia conciliar:

1. **Fase de João XXIII (11/10/1962-03/06/1963)**: Compreende o primeiro período do concílio, no qual foram realizadas a sessão solene de abertura (11/10/1962), a publicação da mensagem do concílio ao mundo (20/10/1962), a votação rejeitando o esquema inicial sobre as fontes da Revelação (20/11/1962) e a sessão de encerramento do primeiro período de trabalhos conciliares (8/12/1962). Já nessa primeira fase iniciaram-se as discussões acerca da reforma litúrgica, da relação da Igreja com os meios de comunicação e do esquema *De Ecclesia*. De dezembro de 1962 a setembro de 1963, deu-se um segundo momento de preparação do concílio, no qual continuaram trabalhando apenas as comissões. João XXIII faleceu em 3 de junho de 1963 (Alberigo, 2013).

2. **Fase de Paulo VI (21/06/1963-8/12/1965)**, que pode ser dividida em quatro períodos:
   - **Segundo período**[15] **(29/09/1963 a 04/12/1963)**: Compreende a primeira votação sobre partes do texto-esquema *De Ecclesia* (30 de outubro) e a aprovação, na sessão de encerramento, da Constituição *Sacrosanctum Concilium* (Concílio Vaticano II, 1963), sobre a liturgia, e do decreto *Inter mirifica*, sobre a relação da Igreja com os meios de comunicação (Alberigo, 2013).
   - **Terceiro período (14/09/1964 a 21/11/1964)**: Continuaram as discussões sobre o esquema *De Ecclesia* e as questões ecumênicas, o que resultou na aprovação, durante a sessão de encerramento, da Constituição *Lumen Gentium* (sobre a Igreja) e dos decretos *Unitatis redintegratio* (Concílio Vaticano II, 1964b) e *Orientalium ecclesiarum*, que tratavam respectivamente do ecumenismo e das Igrejas do Oriente (Alberigo, 2013).

---

15  O primeiro período diz respeito à fase de João XXIII.

- **Quarto período (14/09/1965 a 08/11/1965)**: Contou com quatro sessões importantes, nas quais se aprovaram os últimos documentos do concílio: em 28 de outubro, foram aprovados os decretos *Christus Dominus*, sobre os bispos, *Perfectae caritatis*, sobre a vida religiosa, e *Optatam totius*, sobre a formação dos sacerdotes, juntamente com as declarações sobre a educação (*Gravissimus educationis*) e a liberdade religiosa (*Nostra aetate*); no dia 18 de novembro, o concílio aprovou a Constituição *Dei Verbum*, sobre a Revelação e o decreto sobre o apostolado dos fiéis leigos (*Apostolicam actuositatem*); no dia 7 de dezembro, encerraram-se os trabalhos do quarto período com a votação definitiva da Constituição *Gaudium et Spes* (Concílio Vaticano II, 1965a) sobre a relação da Igreja com o mundo moderno, bem como dos decretos *Ad gentes* (sobre as missões) e *Presbyterorum ordinis* (a respeito do sacerdócio presbiterial) e a declaração *Dignitatis humanae* (sobre a relação da Igreja com as religiões não cristãs). No dia 8 de dezembro, foi celebrada a sessão oficial de encerramento do Concílio (Alberigo, 2013).

A demora na aprovação de determinados documentos (especialmente os esquemas sobre a Igreja e sobre a Revelação) ocorreu não só pela logística burocrática dos trabalhos conciliares, mas também pela divisão entre as três correntes teológicas que comentamos na Seção 3.3 – "Os Concílios de Lião I (1245), Lião II (1274) e Vienne (1311-1312)". Tracey Rowland (2013) explica que a corrente vitoriosa no Vaticano II resultou de uma aliança frágil e efêmera entre os teólogos do *Ressourcement* e os tomistas transcendentais. De fato, a teologia expressa nos documentos conciliares apresentava alguns componentes novos, como: uma eclesiologia mais ampla e menos focada nas estruturas visíveis (embora sem desconsiderá-las) da Igreja; um maior espaço ao método histórico-crítico no estudo das fontes da Revelação;

uma maior abertura à diversidade e à participação leiga na liturgia e na sociedade civil etc.

Vejamos brevemente os aspectos mais importantes dos documentos do Concílio Vaticano II. O primeiro elemento significativo é a eclesiologia desenvolvida pelos Padres Conciliares na Constituição Dogmática *Lumen Gentium*. A concepção eclesiológica buscava salientar a face da Igreja enquanto Povo de Deus, constituído de clérigos, religiosos e leigos. Nesse sentido, baseava-se na noção da vocação universal à santidade.

A eclesiologia predominante entre o Concílio de Trento e o Concílio Vaticano II era uma concepção de Igreja focada no aspecto hierárquico, acentuando a divisão entre clérigos e leigos, os primeiros em posição de autoridade e os segundos em posição de obediência. Frequentemente buscava-se entender a Igreja por meio de conceitos jurídicos, comparando-a com sociedades e regimes terrenos (Alves, 2011). Alves (2011) aponta também que um avanço teológico significativo em um primeiro momento se deu com a encíclica *Mystici Corporis*, do Papa Pio XII, em 1943. Nela, o pontífice abordava a Igreja sob o prisma do "corpo místico de Cristo", centrando-se na dimensão espiritual da Igreja.

A Constituição Dogmática *Lumen Gentium*, em sua redação final, foi resultado de uma série de debates em torno do texto-esquema original previamente intitulado *De Ecclesia*. Alves (2011) chama atenção para a ordem do texto final, que aborda primeiramente os aspectos eclesiológicos comuns a todos os membros da Igreja, para somente depois tratar das diferentes funções entre seus membros. A inserção da noção de "Povo de Deus" atrelada ao conceito de "Corpo Místico" na explicação eclesiológica da *Lumen Gentium* acentuava a dinâmica da comunhão entre os membros da Igreja e a importância da participação ativa de todos na missão eclesial (Alves, 2011).

Leia o trecho do item 9, do segundo capítulo da *Lumen Gentium*, no qual se aborda a dimensão da Igreja como "Povo de Deus":

> Em todos os tempos e em todas as nações foi agradável a Deus aquele que O teme e obra justamente (cfr. Act. 10,35). Contudo, aprouve a Deus salvar e santificar os homens, não individualmente, excluída qualquer ligação entre eles, mas constituindo-os em povo que O conhecesse na verdade e O servisse santamente. Escolheu, por isso, a nação israelita para Seu povo. Com ele estabeleceu uma aliança; a ele instruiu gradualmente, manifestando-Se a Si mesmo e ao desígnio da própria vontade na sua história, e santificando-o para Si. Mas todas estas coisas aconteceram como preparação e figura da nova e perfeita Aliança que em Cristo havia de ser estabelecida e da revelação mais completa que seria transmitida pelo próprio Verbo de Deus feito carne. Eis que virão dias, diz o Senhor, em que estabelecerei com a casa de Israel e a casa de Judá uma nova aliança... Porei a minha lei nas suas entranhas e a escreverei nos seus corações e serei o seu Deus e eles serão o meu povo... Todos me conhecerão desde o mais pequeno ao maior, diz o Senhor (Jer. 31, 31-34). Esta nova aliança instituiu-a Cristo, o novo testamento no Seu sangue (cfr. 1 Cor. 11,25), chamando o Seu povo de entre os judeus e os gentios, para formar um todo, não segundo a carne mas no Espírito e tornar-se o Povo de Deus. Com efeito, os que creem em Cristo, regenerados não pela força de germe corruptível mas incorruptível por meio da Palavra de Deus vivo (cfr. 1 Ped. 1,23), não pela virtude da carne, mas pela água e pelo Espírito Santo (cfr. Jo. 3, 5-6), são finalmente constituídos em "raça escolhida, sacerdócio real, nação santa, povo conquistado... que outrora não era povo, mas agora é povo de Deus" (1 Ped. 2, 9-10).
>
> Este povo messiânico tem por cabeça Cristo, "o qual foi entregue por causa das nossas faltas e ressuscitado por causa da nossa justificação" (Rom. 4,25) e, tendo agora alcançado um nome superior a todo o nome, reina glorioso nos céus. E condição deste povo a dignidade e a liberdade dos filhos de Deus, em cujos corações o

Espírito Santo habita como num templo. A sua lei é o novo mandamento, o de amar assim como o próprio Cristo nos amou (cfr. Jo. 13,34). Por último, tem por fim o Reino de Deus, o qual, começado na terra pelo próprio Deus, se deve desenvolver até ser também por ele consumado no fim dos séculos, quando Cristo, nossa vida, aparecer (cfr. Col. 3,4) e "a própria criação for liberta do domínio da corrupção, para a liberdade da glória dos filhos de Deus" (Rom. 8,21). Por isso é que este povo messiânico, ainda que não abranja de facto todos os homens, e não poucas vezes apareça como um pequeno rebanho, é, contudo, para todo o gênero humano o mais firme germe de unidade, de esperança e de salvação. Estabelecido por Cristo como comunhão de vida, de caridade e de verdade, é também por Ele assumido como instrumento de redenção universal e enviado a toda a parte como luz do mundo e sal da terra (cfr. Mt. 5, 13-16).

Mas, assim como Israel segundo a carne, que peregrinava no deserto, é já chamado Igreja de Deus (cfr. 2 Esdr. 13,1; Num. 20,4; Deut. 23,1 ss.), assim o novo Israel, que ainda caminha no tempo presente e se dirige para a futura e perene cidade (cfr. Hebr. 13-14), se chama também Igreja de Cristo (cfr. Mt. 16,18), pois que Ele a adquiriu com o Seu próprio sangue (cfr. Act. 20,28), encheu-a com o Seu espírito e dotou-a dos meios convenientes para a unidade visível e social. Aos que se voltam com fé para Cristo, autor de salvação e princípio de unidade e de paz, Deus chamou-os e constituiu-os em Igreja, a fim de que ela seja para todos e cada um sacramento visível desta unidade salutar. Destinada a estender-se a todas as regiões, ela entra na história dos homens, ao mesmo tempo que transcende os tempos e as fronteiras dos povos. Caminhando por meio de tentações e tribulações, a Igreja é confortada pela força da graça de Deus que lhe foi prometida pelo Senhor para que não se afaste da perfeita fidelidade por causa da fraqueza da carne, mas permaneça digna esposa do seu Senhor, e, sob a ação do Espírito Santo, não cesse de se renovar até, pela cruz, chegar à luz que não conhece ocaso. (Concílio Vaticano II, 1964a, n. 9)

Esse item apresenta a ideia da Igreja como continuidade do Povo de Deus do Antigo Testamento, mas sob uma Nova Aliança destinada a todos os homens, dos diferentes povos e lugares. Também coloca como meta dessa Igreja alcançar o Reino de Deus.

É interessante observarmos que várias das mudanças propugnadas pelo Concílio Vaticano II estão ancoradas nesse novo enfoque eclesiológico, que busca uma Igreja mais ativa e participativa, um contraste com o modelo "defensivo" que marcou a Igreja especialmente no século XIX. Em conformidade com o novo enfoque dado pela eclesiologia conciliar, os Padres Conciliares explicitaram o conceito de sacerdócio comum dos fiéis (distinguindo-o de forma clara do sacerdócio ministerial/sacramental), apontando igualmente para a importância da diversidade de carismas e membros dentro da Igreja:

> Cristo Nosso Senhor, Pontífice escolhido de entre os homens (cfr. Hebr. 5, 1-5), fez do novo povo um "reino sacerdotal para seu Deus e Pai" (Apor. 1,6; cfr. 5, 9-10). Na verdade, os batizados, pela regeneração e pela unção do Espírito Santo, são consagrados para serem casa espiritual, sacerdócio santo, para que, por meio de todas as obras próprias do cristão, ofereçam oblações espirituais e anunciem os louvores daquele que das trevas os chamou à sua admirável luz (cfr. 1 Ped. 2, 4-10). Por isso, todos os discípulos de Cristo, perseverando na oração e louvando a Deus (cfr. At., 2, 42-47), ofereçam-se a si mesmos como hóstias vivas, santas, agradáveis a Deus (cfr. Rom 12,1), deem testemunho de Cristo em toda a parte e àqueles que lha pedirem deem razão da esperança da vida eterna que neles habita (cfr. 1 Ped. 3,15). O sacerdócio comum dos fiéis e o sacerdócio ministerial ou hierárquico, embora se diferenciem essencialmente e não apenas em grau, ordenam-se mutuamente um ao outro; pois um e outro participam, a seu modo, do único sacerdócio de Cristo. Com efeito, o sacerdote ministerial, pelo seu poder sagrado, forma e conduz o povo sacerdotal, realiza o sacrifício eucarístico fazendo as vezes de Cristo e oferece-o a Deus em

nome de todo o povo; os fiéis, por sua parte, concorrem para a oblação da Eucaristia em virtude do seu sacerdócio real, que eles exercem na recepção dos sacramentos, na oração e ação de graças, no testemunho da santidade de vida, na abnegação e na caridade operosa. (Concílio Vaticano II, 1964a, n. 10)

A definição do conceito de **sacerdócio comum** pelo Concílio enfatizou também o dever dos leigos na missão da Igreja, na vocação à santidade e ao testemunho cristão. Nessa mesma linha, o Vaticano II refletiu sobre a relação da Igreja com o mundo moderno, propondo uma mudança de atitude, pautada no diálogo com o mundo contemporâneo e em uma postura mais ativa. Tal tema foi abordado exaustivamente na Constituição Dogmática *Gaudium et Spes* (Concílio Vaticano II, 1965a), na qual, entre os itens 40 e 42, se explica a missão primordialmente religiosa da Igreja e sua consequente influência no mundo moderno. O texto conciliar explica que, embora voltada para uma missão essencialmente religiosa, a Igreja se interessa pelas realidades terrenas dos homens, buscando promover na sociedade humana tudo aquilo que for útil ao progresso sem contrariar os princípios do Evangelho.

A *Gaudium et Spes* (Concílio Vaticano II, 1965a) reveste-se de importância por romper com uma espécie de "política oficial da Igreja", como muitas vezes ocorrera nos séculos precedentes. Com efeito, antes do Concílio, houve em vários contextos históricos a tendência por parte do Episcopado em alguns países de se alinhar com determinado regime ou modelo político. O documento conciliar buscou valorizar a autonomia das realidades terrenas (inclusive as de ordem social e política), acentuando o papel primordial dos leigos nesses campos e admitindo uma legítima diversidade de métodos e opiniões:

> As tarefas e atividades seculares competem como próprias, embora não exclusivamente, aos leigos. Por esta razão, sempre que, sós ou associados, atuam como cidadãos do mundo, não só devem respeitar as leis próprias de cada domínio, mas procurarão alcançar

neles uma real competência. Cooperarão de boa vontade com os homens que prosseguem os mesmos fins. Reconhecendo quais são as exigências da fé, e por ela robustecidos, não hesitem, quando for oportuno, em idear novas iniciativas e levá-las a realização. Compete à sua consciência previamente bem formada, imprimir a lei divina na vida da cidade terrestre. Dos sacerdotes, esperem os leigos a luz e força espiritual. Mas não pensem que os seus pastores estão sempre de tal modo preparados que tenham uma solução pronta para qualquer questão, mesmo grave, que surja, ou que tal é a sua missão. Antes, esclarecidos pela sabedoria cristã, e atendendo à doutrina do magistério, tomem por si mesmos as próprias responsabilidades.

Muitas vezes, a concepção cristã da vida incliná-los-á para determinada solução, em certas circunstâncias concretas. Outros fiéis, porém, com não menos sinceridade, pensarão diferentemente acerca do mesmo assunto, como tantas vezes acontece, e legitimamente. Embora as soluções propostas por uma e outra parte, mesmo independentemente da sua intenção, sejam por muitos facilmente vinculadas à mensagem evangélica, devem, no entanto, lembrar-se de que a ninguém é permitido, em tais casos, invocar exclusivamente a favor da própria opinião a autoridade da Igreja. Mas procurem sempre esclarecer-se mutuamente, num diálogo sincero, salvaguardando a caridade recíproca e atendendo, antes de mais, ao bem comum. (Concílio Vaticano II, 1965a, n. 43)

Uma concepção mais participativa da Igreja refletiu-se também em suas mudanças mais visíveis: a reforma litúrgica. Essa reforma foi pautada pela Constituição Dogmática *Sacrosanctum Concilium* (Concílio Vaticano II, 1963) e buscava favorecer um maior conhecimento, entendimento e participação dos fiéis (especialmente dos leigos) na liturgia. O documento frisa a necessidade de compreensão dos fiéis para que celebrem ativa e frutuosamente os ofícios litúrgicos:

Para assegurar esta eficácia plena, é necessário, porém, que os fiéis celebrem a Liturgia com retidão de espírito, unam a sua mente às palavras que pronunciam, cooperem com a graça de Deus, não aconteça de a receberem em vão. Por conseguinte, devem os pastores de almas vigiar por que não só se observem, na ação litúrgica, as leis que regulam a celebração válida e lícita, mas também que os fiéis participem nela consciente, ativa e frutuosamente. (Concílio Vaticano II, 1963, n. 11)

A *Sacrosanctum Concilium* (Concílio Vaticano II, 1963) estabeleceu uma série de princípios para a reforma litúrgica, como uma intensificação do estudo e da formação sobre a liturgia, um maior uso das línguas vernáculas, a simplificação de alguns ritos, o maior uso da concelebração, a adaptação às diferentes realidades culturais etc. Vários dos elementos preconizados pela constituição conciliar sobre a liturgia estavam ancorados em princípios e experiências praticados pelo Movimento Litúrgico entre os anos 1920 e 1950. É importante frisar, contudo, que grande parte da reforma litúrgica se concretizou, após o concílio, em duas etapas: a reforma do missal, em 1965, e a reforma maior dos livros litúrgicos, sancionada por Paulo VI em 1969-1970.

Outro elemento marcante do Vaticano II foi uma mudança na relação da Igreja com outras denominações cristãs e outras religiões. A relação com as outras confissões cristãs, chamada de *ecumenismo*, foi abordada no decreto *Unitatis Redintegratio* (Concílio Vaticano II, 1964b). Já o chamado *diálogo inter-religioso* foi tratado na declaração *Nostra Aetate* (Concílio Vaticano II, 1965b). Esses dois documentos apresentam uma mudança pastoral profunda, pois o foco apologético anterior (de defesa e argumentação da fé católica contra os pontos divergentes das outras confissões ou religiões) deu lugar ao foco de diálogo. Entretanto, é importante que você não confunda esse diálogo com uma espécie de "irenismo" (indiferentismo ou mistura das religiões). Então, qual seria o objetivo desses diálogos?

Com relação ao ecumenismo, o concílio o entende como uma busca, por meio do diálogo e da superação das diferenças, do retorno à unidade dos cristãos:

> Por "movimento ecumênico" entendem-se as atividades e iniciativas, que são suscitadas e ordenadas, segundo as várias necessidades da Igreja e oportunidades dos tempos, no sentido de favorecer a unidade dos cristãos. Tais são: primeiro, todos os esforços para eliminar palavras, juízos e ações que, segundo a equidade e a verdade, não correspondem à condição dos irmãos separados e, por isso, tornam mais difíceis as relações com eles; depois, o "diálogo" estabelecido entre peritos competentes, em reuniões de cristãos das diversas Igrejas em Comunidades, organizadas em espírito religioso, em que cada qual explica mais profundamente a doutrina da sua Comunhão e apresenta com clareza as suas características. Com este diálogo, todos adquirem um conhecimento mais verdadeiro e um apreço mais justo da doutrina e da vida de cada Comunhão. Então estas Comunhões conseguem também uma mais ampla colaboração em certas obrigações que a consciência cristã exige em vista do bem comum. E onde for possível, reúnem-se em oração unânime. Enfim, todos examinam a sua fidelidade à vontade de Cristo acerca da Igreja e, na medida da necessidade, levam vigorosamente por diante o trabalho de renovação e de reforma.
>
> Desde que os fiéis da Igreja católica prudente e pacientemente trabalhem sob a vigilância dos pastores, tudo isto contribuirá para promover a equidade e a verdade, a concórdia e a colaboração, o espírito fraterno e a união. Assim, palmilhando este caminho, superando pouco a pouco os obstáculos que impedem a perfeita comunhão eclesiástica, todos os cristãos se congreguem numa única celebração da Eucaristia e na unidade de uma única Igreja. Esta unidade, desde o início Cristo a concedeu à Sua Igreja. Nós cremos que esta unidade subsiste indefectivelmente na Igreja católica e esperamos que cresça de dia para dia até à consumação dos séculos. (Concílio Vaticano II, 1964b, n. 4)

Portanto, o objetivo do ecumenismo, na ótica conciliar, não se encontra na negação das diferenças ou no indiferentismo, mas na busca da superação delas por meio de um diálogo sincero. Um exemplo prático disso se dá no caso de superar os preconceitos ou as distorções mútuas sobre a doutrina alheia (como no caso dos protestantes que acham que a Igreja Católica tem uma concepção pagã de sacrifício na teologia eucarística ou o dos católicos que acham que a doutrina da justificação luterana ou da predestinação calvinista anulam a importância da dimensão prática das obras na vida cristã). Somente pondo de lado as distorções e as paixões é que as diferentes confissões cristãs poderão iniciar um passo rumo à compreensão mútua e à unidade. Como você pode observar pelo teor do texto, o ecumenismo não significa a renúncia das verdades de fé "conflituosas" ou em desconsiderar a importância da Igreja Católica.

Vejamos agora a abordagem do diálogo com outras religiões. No início do documento *Nostra Aetate*, o concílio acentua a importância que as diferentes religiões dão na busca pelas respostas mais preocupantes da existência humana: sentido da vida, morte, sofrimento, destino eterno do homem etc. (Concílio Vaticano II, 1965b, n. 1). O documento conciliar, em seguida, afirma a existência de elementos positivos nas diferentes religiões e o dever da Igreja em anunciar Cristo em espírito de respeito pelas demais pessoas:

> A Igreja católica nada rejeita do que nessas religiões existe de verdadeiro e santo. Olha com sincero respeito esses modos de agir e viver, esses preceitos e doutrinas que, embora se afastem em muitos pontos daqueles que ela própria segue e propõe, todavia, refletem não raramente um raio da verdade que ilumina todos os homens. No entanto, ela anuncia, e tem mesmo obrigação de anunciar incessantemente Cristo, "caminho, verdade e vida" (Jo. 14,6), em quem os homens encontram a plenitude da vida religiosa e no qual Deus reconciliou consigo todas as coisas.

> Exorta, por isso, os seus filhos a que, com prudência e caridade, pelo diálogo e colaboração com os sequazes doutras religiões, dando testemunho da vida e fé cristãs, reconheçam, conservem e promovam os bens espirituais e morais e os valores socioculturais que entre eles se encontram. (Concílio Vaticano II, 1965b, n. 2)

A *Nostra aetate* conclui enfatizando a reprovação da Igreja à discriminação "por motivos de raça ou cor, condição ou religião", exortando os homens a cooperarem pelo bem da sociedade (Concílio Vaticano II, 1965b, n. 5). Um exemplo que podemos citar de diálogo religioso na seara do que foi preconizado pelo Vaticano II é a união entre diferentes lideranças religiosas na defesa dos Direitos Humanos.

Podemos sintetizar, portanto, que os documentos do Vaticano II propunham à Igreja uma autorreflexão e uma renovação na sua forma de lidar e testemunhar o Evangelho em um mundo em transformações. Essa reflexão e práxis estava ancorada no enfoque eclesiológico da Igreja como "Povo de Deus", o que enfatizava a dimensão ativa da missão de todos os batizados.

## 4.5 A recepção e a repercussão do Concílio Vaticano II

Como já mencionamos anteriormente, o Concílio Vaticano II foi o primeiro concílio da Igreja a passar pelos *mass media*, tendo inclusive muitas de suas sessões filmadas e gravadas. Esse feito, entretanto, contribuiu não só positivamente, com a divulgação da mensagem do concílio para a sociedade, mas gerou também certas distorções acerca dos ensinamentos e das determinações conciliares, mesmo antes da conclusão da reunião. Conforme comenta Andrés Vázquez de Prada (2004, p. 448-449):

> Na imprensa e demais meios de comunicação social, apresentava-se a vida no Concílio como uma violência contra a realidade dos fatos e transmitia-se ao público (e aos próprios Padres conciliares) uma imagem deformada dos trabalhos que se levavam a cabo. O comentário dos debates era feito ao sabor do capricho dos jornalistas, que viam nas opiniões divergentes alinhamentos estratégicos, tomadas de posição para ulteriores batalhas, embates entre o velho e o novo, o tradicional e o moderno. E sobretudo, no seu conjunto, projetava-se uma interpretação dialética da história conciliar na qual a ação do Espírito Santo era relegada para um terceiro plano. [...] também alguns meios de informação, apesar de serem de inspiração católica, teciam comentários desprovidos de qualquer sentido sobrenatural, seguindo ideologias condenadas pelo Magistério eclesiástico.

A distorção operada por certos veículos da mídia também foi comentada pelo Papa Bento XVI, dias antes do encerramento de seu pontificado:

> Agora quero acrescentar ainda um terceiro ponto: havia o Concílio dos Padres – o verdadeiro Concílio – mas havia também o Concílio dos meios de comunicação, que era quase um Concílio aparte. E o mundo captou o Concílio através deles, através dos *mass-media*. Portanto o Concílio, que chegou de forma imediata e eficiente ao povo, foi o dos meios de comunicação, não o dos Padres. E enquanto o Concílio dos Padres se realizava no âmbito da fé, era um Concílio da fé que faz apelo ao *intellectus*, que procura compreender-se e procura entender os sinais de Deus naquele momento, que procura responder ao desafio de Deus naquele momento e encontrar, na Palavra de Deus, a palavra para o presente e o futuro, enquanto todo o Concílio – como disse – se movia no âmbito da fé, como *fides quaerens intellectum*, o Concílio dos

jornalistas, naturalmente, não se realizou no âmbito da fé, mas dentro das categorias dos meios de comunicação atuais, isto é, fora da fé, com uma hermenêutica diferente. Era uma hermenêutica política: para os *mass-media*, o Concílio era uma luta política, uma luta de poder entre diversas correntes da Igreja. Era óbvio que os meios de comunicação tomariam posição por aquela parte que se lhes apresentava mais condizente com o seu mundo. Havia aqueles que pretendiam a descentralização da Igreja, o poder para os Bispos e depois, valendo-se da expressão "Povo de Deus", o poder do povo, dos leigos. Existia esta tripla questão: o poder do Papa, em seguida transferido para o poder dos bispos e para o poder de todos, a soberania popular. Para eles, naturalmente, esta era a parte que devia ser aprovada, promulgada, apoiada. E o mesmo se passava com a liturgia: não interessava a liturgia como ato da fé, mas como algo onde se fazem coisas compreensíveis; algo de atividade da comunidade, algo profano. E sabemos que havia uma tendência – invocava mesmo um fundamento na história – para se dizer: A sacralidade é uma coisa pagã, eventualmente do próprio Antigo Testamento. No Novo, conta apenas que Cristo morreu fora: fora das portas, isto é, no mundo profano. Portanto há que acabar com a sacralidade, o próprio culto deve ser profano: o culto não é culto, mas um ato do todo, da participação comum, e deste modo a participação vista como atividade. Estas traduções, banalizações da ideia do Concílio, foram virulentas na prática da aplicação da reforma litúrgica; nasceram numa visão do Concílio fora da sua chave própria de interpretação, da fé. E o mesmo se passou também com a questão da Escritura: a Escritura é um livro, histórico, que deve ser tratado historicamente e nada mais etc. (Papa Bento XVI, 2013, p. 1)

Essa interpretação distorcida é ainda muito difundida dentro e fora da Igreja, com ideias como a rejeição do caráter sacrifical da Eucaristia, a relativização dos sacramentos ou da Igreja como meio de santificação e salvação, a noção de que o Concílio Vaticano II mudou o ensinamento moral da Igreja, entre outras coisas. Essa interpretação, essa hermenêutica, que vê o concílio como uma ruptura dentro da Igreja, como se inaugurasse uma nova Igreja com uma doutrina distinta do que se ensinara anteriormente, foi denunciada pelo Papa Bento XVI sob o nome de *hermenêutica da ruptura*:

> O último acontecimento deste ano, sobre o qual gostaria de me deter nesta ocasião, é a celebração do encerramento do Concílio Vaticano II, há quarenta anos. Tal memória suscita a interrogação: qual foi o resultado do Concílio? Foi recebido de modo correto? O que, na recepção do Concílio, foi bom, o que foi insuficiente ou errado? O que ainda deve ser feito? Ninguém pode negar que, em vastas partes da Igreja, a recepção do Concílio teve lugar de modo bastante difícil, mesmo que não se deseje aplicar àquilo que aconteceu nestes anos a descrição que o grande Doutor da Igreja, São Basílio, faz da situação da Igreja depois do Concílio de Niceia: ele compara-a com uma batalha naval na escuridão da tempestade, dizendo entre outras coisas: "O grito rouco daqueles que, pela discórdia, se levantam uns contra os outros, os palavreados incompreensíveis e o ruído confuso dos clamores ininterruptos já encheram quase toda a Igreja falsificando, por excesso ou por defeito, a reta doutrina da fé..." (De Spiritu Sancto, XXX, 77; PG 32, 213 A; Sch 17 bis, pág. 524). Não queremos aplicar exatamente esta descrição dramática à situação do pós-Concílio, todavia alguma coisa do que aconteceu se reflete nele. Surge a pergunta: por que a recepção do Concílio, em grandes partes da Igreja, até agora teve lugar de modo tão difícil? Pois bem, tudo depende da justa interpretação do Concílio ou como diríamos hoje da sua correta hermenêutica, da justa chave de leitura e de aplicação. Os problemas da recepção derivaram do fato de que duas hermenêuticas contrárias se embateram e disputaram entre si. Uma causou confusão, a outra, silenciosamente, mas de modo cada vez mais visível, produziu e produz frutos. Por um lado, existe uma interpretação que gostaria de definir "hermenêutica da descontinuidade e da ruptura"; não raro, ela pôde valer-se da simpatia dos mass media e também de uma parte da teologia moderna. Por outro lado, há

a "hermenêutica da reforma", da renovação na continuidade do único sujeito-Igreja, que o Senhor nos concedeu; é um sujeito que cresce no tempo e se desenvolve, permanecendo porém sempre o mesmo, único sujeito do Povo de Deus a caminho. A hermenêutica da descontinuidade corre o risco de terminar numa ruptura entre a Igreja pré-conciliar e a Igreja pós-conciliar. Ela afirma que os textos do Concílio como tais ainda não seriam a verdadeira expressão do espírito do Concílio. (Papa Bento XVI, 2005, p. 1)

O Papa Bento XVI afirma, portanto, que a hermenêutica da continuidade é a correta chave para o entendimento do concílio, que deve ser lido dentro da Tradição da Igreja, em conformidade com o que sempre foi ensinado, a fim de que a Igreja possa se reformar sem perder a sua identidade nem corromper a mensagem do Evangelho. Nesse ponto, o papa retoma algo que acontecera anteriormente na história da Igreja: quando ensinos heterodoxos se apoiavam pretensamente em interpretações de textos e cânones dos concílios precedentes como forma de tentar legitimar suas ideias.

Com relação à recepção, do ponto de vista histórico, podemos dizer que houve duas grandes formas de interpretar o concílio:

1. **Hermenêutica da ruptura**: Entende que o Concílio Vaticano II criou uma nova doutrina, diferente do ensino tradicional da Igreja. Fazem parte desse grupo tanto alguns membros dos tomistas transcendentais (que viam nessa mudança algo positivo) quanto os tradicionalistas mais radicais (que recusavam o Vaticano II sob a alegação de ele sancionar as doutrinas da heresia do modernismo, condenada no início do século XX pelo Papa Pio X).
2. **Hermenêutica da continuidade/da reforma**: Entende que o Concílio Vaticano II buscou apresentar a doutrina tradicional da Igreja em uma nova linguagem, atentando-se para os problemas e as realidades novas surgidos a partir do século XX. Essa linha foi

sustentada, por exemplo, pelos papas que sucederam Paulo VI. É a interpretação oficial da Igreja.

O Concílio Vaticano II foi centrado na questão pastoral, então, devemos olhar sua influência na práxis da Igreja para podermos ter uma real dimensão de sua recepção. Naturalmente, um dos elementos mais palpáveis de avaliação é a reforma da liturgia, especialmente nos ritos ocidentais. Como já foi mencionado anteriormente, muitas das mudanças propostas pelo concílio já eram experimentadas em diferentes lugares entre as décadas de 1920 e 1950. Alguns exemplos podem ser citados: celebração da missa *versus populum* (com o sacerdote voltado para a assembleia dos fiéis), introdução da língua local em algumas partes da missa, maior inserção de músicas em línguas vernáculas, maior participação dos leigos em funções litúrgicas de leitura e auxílio no altar.

Como fruto mais direto da *Sacrosanctum Concilium*, foi editado o missal de 1965, que inseria algumas mudanças preconizadas pelo concílio, mas que mantinha a estrutura básica da forma "tridentina" da celebração da missa (Gamber, 2018). Essa é a forma de celebração da missa que podemos ver em algumas filmagens antigas dos últimos anos do Padre Pio ou da visita do Papa Paulo VI ao centro estudantil Elis, fomentado por membros do Opus Dei na periferia de Roma[16]. Paulo VI havia encarregado uma comissão de revisar os livros litúrgicos. Os resultados do trabalho dessa comissão culminaram em um novo missal, que foi sancionado pelo papa em 1969. Apesar de algumas revisões posteriores, esse é o missal que contém o rito utilizado pela maior parte das dioceses e paróquias da Igreja Católica atualmente.

O Ecumenismo deu frutos positivos, embora muitos destes tenham sido bem posteriores ao concílio. Em vários debates, comissões

---

16 Uma reportagem sobre essa visita pode ser visualizada em: PRELATURA DELLA SANTA CROCE E OPUS DEI. **Visita di Paolo VI al centro ELIS**. Disponível em: <https://www.youtube.com/watch?v=116poWpgOgw>. Acesso em: 20 set. 2018.

conjuntas de lideranças católicas e de outras denominações cristãs chegaram a entendimentos comuns sobre pontos outrora controversos. Podemos citar como exemplo as declarações conjuntas de Paulo VI com papa copta (1973) e de João Paulo II com os patriarcas siríaco (1986) e assírio (1994) sobre os problemas cristológicos abordados nos concílios de Éfeso e Calcedônia. Também é digno de nota a Declaração conjunta Católico-Luterana sobre a Doutrina da Justificação (1999), em que católicos e luteranos chegaram a alguns entendimentos comuns acerca dessa doutrina.

No Brasil e na América Latina, a recepção do Concílio Vaticano II se deu principalmente pela animação da vida litúrgica e pela preocupação social. A Conferência Nacional dos Bispos do Brasil (CNBB) aprovou, em 1965, um Plano Pastoral de Conjunto, que foi resultado dos debates promovidos pelo episcopado brasileiro paralelamente às comissões e sessões conciliares que eram realizadas em Roma. Beozzo (2003) aponta como essas preocupações se originaram na atuação da Igreja brasileira anterior ao concílio, por meio de iniciativas dos ramos da Ação Católica e da CNBB. A CNBB buscou descentralizar-se, a fim de facilitar a atuação pastoral nas vastas e distantes regiões do Brasil. Para compreender melhor os contextos sociais em que a Igreja deveria agir, a CNBB buscou também dialogar com as ciências sociais, fazendo levantamentos sobre a situação de diferentes regiões do Brasil (Beozzo, 2003).

No caso da América Latina em geral, a recepção mais importante do Concílio Vaticano II se refletiu nas três grandes reuniões do Conselho Episcopal Latino-Americano (Celam): a conferência de Medellín, na Colômbia (agosto-setembro de 1968); a conferência de Puebla, no México (janeiro-fevereiro de 1979); a conferência de Santo Domingo, na República Dominicana (outubro de 1992); e a conferência de Aparecida, no Brasil (maio de 2007). Essas reuniões buscaram lançar diretrizes para a aplicação da pastoral desejada pelo Vaticano II adaptada às realidades e aos problemas específicos da América Latina.

## Síntese

Este capítulo abordou os três últimos concílios da Igreja Católica. Vimos como o Concílio de Trento buscou reformar a Igreja e dar respostas às doutrinas propugnadas pelos reformadores protestantes. O Concílio de Trento durou vários anos, sendo celebrado com três intervalos, de 1545 a 1548, de 1551 a 1552 e de 1562 a 1563. Sua principal medida foi a promulgação de textos que reafirmavam os principais pontos da doutrina católica sobre Deus, Cristologia, Revelação, Sacramentos e Salvação. Também promulgou cânones para a reforma do clero, preocupando-se especialmente com a formação dos sacerdotes.

Vimos também como o Concílio Vaticano I buscou mostrar a certeza da Igreja em suas convicções religiosas em uma época de crescimento do liberalismo e de hostilidade política e científica para com a religião. Afirmou como dogma de fé a infalibilidade do papa quando fala *ex cathedra* em questões de fé e moral, bem com que a existência de Deus pode ser conhecida pela luz da razão natural humana.

Por fim, tratamos dos principais acontecimentos envolvendo o Concílio Vaticano II e as decisões tomadas por essa assembleia conciliar para guiar a ação da Igreja no mundo após a Segunda Guerra Mundial. Esse concílio promulgou diversos documentos, nos quais se exprimiam as linhas gerais da reforma litúrgica, a relação da Igreja com o mundo contemporâneo e da teologia com as demais ciências. Também publicou documentos sobre a relação da Igreja com as demais confissões cristãs e outras religiões.

# Atividades de autoavaliação

1. O Concílio de Trento não foi presidido pelo papa e foi realizado em uma cidade italiana do Sacro Império Romano-Germânico. Isso respondia a uma exigência dos alemães por um:
   a) concílio livre com direito a voto para os protestantes.
   b) concílio livre da tutela papal em terra alemã.
   c) concílio com igualdade de participação entre clérigos e leigos.
   d) concílio presidido pelo imperador, como nos tempos antigos.
   e) concílio presidido por um conselho de presbíteros.

2. Sobre os intervalos no Concílio de Trento, é correto dizer que foram influenciados:
   a) pelas divisões dentro da Cúria Romana.
   b) pela invasão turca no Leste Europeu.
   c) pela guerra entre os protestantes luteranos e calvinistas nas fronteiras com a Alemanha.
   d) principalmente pelas guerras entre o imperador e o rei da França.
   e) pelas controvérsias entre católicos e ortodoxos.

3. Sobre as declarações dogmáticas do Concílio de Trento, podemos afirmar:
   a) Sancionaram novas doutrinas sobre as indulgências.
   b) Confirmaram as doutrinas católicas sobre a Justificação e os sacramentos.
   c) Proclamaram o dogma da infalibilidade papal.
   d) Sancionaram novas doutrinas sobre a Eucaristia.
   e) Criaram a doutrina da sucessão apostólica.

4. Sobre o Concílio Vaticano I, é **incorreto** afirmar:
   a) Proclamou como dogma a infalibilidade papal.
   b) Proclamou como dogma que a Revelação não é necessária para se conhecer a vontade de Deus.
   c) Proclamou que a existência de Deus pode ser conhecida pela razão natural.
   d) Foi interrompido pela guerra franco-prussiana.
   e) Teve repercussão na imprensa e política europeia.

5. Sobre o Concílio Vaticano II, é correto dizer que foi um concílio:
   a) pastoral, preocupado em apresentar a doutrina da Igreja ao mundo moderno.
   b) que buscou mudar os dogmas da Igreja para se adaptarem ao mundo moderno.
   c) que buscou proclamar como dogma a necessidade de dialogar com o mundo moderno.
   d) promovido pelos meios de comunicação católicos.
   e) conciliou catolicismo e socialismo soviético.

# Atividades de aprendizagem

## Questões para reflexão

1. Leia o texto a seguir:

   > A infalibilidade exerce-se quando o Romano Pontífice, em virtude da sua autoridade de supremo Pastor da Igreja, ou o Colégio Episcopal, em comunhão com o Papa, sobretudo reunido num Concílio Ecuménico, proclamam com um ato definitivo uma doutrina respeitante à fé ou à moral, e também quando o Papa e os Bispos, no seu Magistério ordinário, concordam ao propor uma doutrina como definitiva. A tais ensinamentos cada fiel deve aderir com o obséquio da fé. (Concílio Vaticano II, 2005, 971)

Explique por que a infalibilidade do papa não pode ser confundida com um absolutismo monárquico.

2. Releia o capítulo, prestando atenção nos aspectos eclesiológicos que envolvem as discussões dos Concílios Vaticano I e II, e aponte pontos de convergência entre as duas visões eclesiológicas

## Atividade aplicada: prática

1. Leia o capítulo IV da constituição *Gaudium et Spes*, do Concílio Vaticano II (1965a), e faça uma síntese dos principais elementos da atuação da Igreja no mundo terreno.

# Considerações finais

Caro aluno, ao longo destes quatro breves capítulos você pôde conhecer os principais aspectos do desenvolvimento interno de cada um dos 21 concílios ecumênicos da Igreja Católica, suas principais decisões doutrinárias e disciplinares, bem como a recepção de cada um deles na vida eclesial. Vimos que os concílios podem ser divididos basicamente em três etapas, como as estruturamos nos quatro capítulos.

Foram realizados no Oriente, sob a influência dos imperadores romanos/bizantinos. Foram marcados principalmente pelas questões teológicas e buscaram formular, dialogando com conceitos filosóficos gregos, os principais dados da fé concernentes à Trindade e à Cristologia. No campo da disciplina, preocuparam-se especialmente com a salvaguarda da jurisdição da Igreja local (bispado/diocese).

Os sete primeiros concílios medievais (de Latrão I a Vienne) foram presididos pelo papa e buscavam, sob a ótica da monarquia pontifícia, ordenar a sociedade como um todo, entendida como uma extensão da Igreja no mundo terreno. Já os últimos concílios do medievo (Constança e Basileia-Ferrara-Florença) buscaram promover uma reforma na Igreja, primando pelo retorno à unidade na cristandade ocidental e por um maior protagonismo do papel do concílio na organização eclesiástica. Latrão V foi um concílio de transição, simultaneamente, uma resposta aos remanescentes do ideal conciliarista e uma tentativa de reforma mais ampla da Igreja "na cabeça e nos membros".

Os dois primeiros concílios modernos (Trento e Vaticano I), apesar das diferenças internas e do espaço temporal que os separou, buscaram principalmente uma finalidade apologética de defesa da doutrina católica contra os erros do protestantismo e do racionalismo. O Concílio Vaticano II, maior em tamanho do que todos os anteriores, também se destacou na tarefa de preparar a Igreja para lidar com o mundo em transformação que surgia dos escombros da Segunda Guerra Mundial.

Considerando o desenvolvimento histórico, podemos ser levados a ver os concílios como assembleias de disputas de poder, ideologias ou partidos, nas quais a doutrina e as determinações resultantes seriam apenas o projeto do grupo vencedor. Entretanto, é importante que você olhe a história da Igreja (no geral) e dos concílios (em especial) com uma visão de fé. É preciso que você enxergue, por detrás das fragilidades e dos desentendimentos humanos que tanto apareceram nessas assembleias conciliares, o sopro do Espírito Santo, que renova todas as coisas.

# Referências

A SANTA SÉ. **Código de Direito Canônico de 1983**. 4. ed. Lisboa; Braga: Conferência Episcopal Portuguesa; Editorial Apostolado da Oração, 2007. Disponível em: <http://www.vatican.va/archive/cod-iuris-canonici/portuguese/codex-iuris-canonici_po.pdf>. Acesso em: 1° out. 2018.

ABBAGNANO, N. **Dicionário de filosofia**. 5. ed. São Paulo: M. Fontes, 2007.

ALBERIGO, G. **Breve história do Concílio Vaticano II**. Tradução de Cóvis Bovo. Aparecida: Santuário, 2013.

ALBERIGO, G. (Org.). **História dos concílios ecumênicos**. Tradução de José Maria de Almeida. São Paulo: Paulus, 1995a.

_____. O Concílio Vaticano I (1869-1870). In: _____. **História dos concílios ecumênicos**. Tradução de José Maria de Almeida. São Paulo: Paulus, 1995b. p. 365-390.

_____. O Concílio Vaticano II (1962-1965). In: _____. **História dos concílios ecumênicos**. Tradução de José Maria de Almeida. São Paulo: Paulus, 1995c. p. 391-442.

ALVES, F. L. **A eclesiologia latino-americana como acolhimento criativo do Vaticano II**: um caminho para uma nova recepção da herança conciliar. 173 f. Dissertação (Mestrado em Teologia) – Pontifícia Universidade Católica do Rio de Janeiro, Rio de Janeiro, 2011. Disponível em: <https://www.maxwell.vrac.puc-rio.br/Busca_etds.php?strSecao=resultado&nrSeq=17426@1>. Acesso em: 30 nov. 2018.

ANGOLD, M. **Bizâncio**: a ponte da Antiguidade para a Idade Média. Rio de Janeiro: Imago, 2002.

ARAUJO, D. A. de. **Controvérsias sobre a natureza de Cristo na Antiguidade Cristã**. Disponível em: <falsafa.dominiotemporario.com/doc/site_falsafa_daniel_artigo_de_christi_2.pdf>. Acesso em: 20 set. 2018.

BARBOSA, J. M.; SOUZA, J. A. de C. R. de. **O reino de Deus e o reino dos homens**: as relações entre os poderes espiritual e temporal na Baixa Idade Média (da reforma gregoriana a João Quidort). Porto Alegre: EdiPUCRS, 1997.

BECHTEL, F. Judaizers. **The Catholic Encyclopedia**, New York, v. 8, 1910. Disponível em: <http://www.newadvent.org/cathen/08537a.htm>. Acesso em: 20 set. 2018.

BELLITTO, C. M. **História dos 21 Concílios da Igreja**: de Niceia ao Vaticano II. São Paulo: Loyola, 2010.

BENTO XVI, Papa. **Audiência geral**. 1º out. 2008. Disponível em: <https://w2.vatican.va/content/benedict-xvi/pt/audiences/2008/documents/hf_ben-xvi_aud_20081001.html>. Acesso em: 20 set. 2018.

_____. **Discurso do papa Bento XVI aos cardeais, arcebispos e prelados da Cúria Romana na apresentação dos votos de Natal**. 22 dez. 2005. Disponível em: <https://w2.vatican.va/content/benedict-xvi/pt/speeches/2005/december/documents/hf_ben_xvi_spe_20051222_roman-curia.html>. Acesso em: 20 set. 2018.

_____. **Encontro do papa Bento XVI com o Clero de Roma**. 14 fev. 2013. Disponível em: <https://w2.vatican.va/content/benedict-xvi/pt/speeches/2013/february/documents/hf_ben-xvi_spe_20130214_clero-roma.html>. Acesso em: 20 set. 2018.

BEOZZO, J. O. **A recepção do Vaticano II na Igreja do Brasil**. 2003. Disponível em: <http://www7.uc.cl/facteo/centromanuellarrain/download/beozzo.pdf>. Acesso em: 20 set. 2018.

BETTENCOURT, E. A controvérsia quartodecimana. **Revista Pergunte e Responderemos**, n. 547, jan. 2008. Disponível em: <http://www.pr.gonet.biz/kb_read.php?num=1816&head=0>. Acesso em: 20 set. 2018.

_____. A Igreja alguma vez aceitou a reencarnação? **Revista Pergunte e Responderemos**, n. 491, maio 2003. Disponível em: <http://www.pr.gonet.biz/kb_read.php?head=0&num=1060>. Acesso em: 20 set. 2018.

_____. Monofisitas professam a fé de Calcedônia. **Revista Pergunte e Responderemos**, n. 395, abr. 1995. Disponível em: <http://www.pr.gonet.biz/kb_read.php?num=236&head=0>. Acesso em: 20 set. 2018.

_____. II Concílio de Niceia: a controvérsia sobre as imagens. **Veritatis Splendor**. Disponível em: <http://www.veritatis.com.br/ii-concilio-de-niceia-a-controversia-sobre-as-imagens/>. Acesso em: 20 set. 2018.

BÍBLIA Sagrada – Edição de Estudos. São Paulo: Ave Maria, 2011.

BLANCO DE LA LAMA, A. **Historia del confesonario**: razones antropológicas y teológicas de su uso. Madrid: Rialp, 2000.

COMISSÃO TEOLÓGICA INTERNACIONAL. **Comunhão e serviço**: a pessoa humana criada à imagem de Deus. 2004. Disponível em: <http://www.vatican.va/roman_curia/congregations/cfaith/cti_documents/rc_con_cfaith_doc_20040723_communion-stewardship_po.html>. Acesso em: 20 set. 2018.

CONCÍLIO VATICANO II. **Constituição Conciliar *Sacrosanctum Concilium***: sobre a Sagrada Liturgia. Roma, 4 dez. 1963. Disponível em: <http://www.vatican.va/archive/hist_councils/ii_vatican_council/documents/vat-ii_const_19631204_sacrosanctum-concilium_po.html>. Acesso em: 20 set. 2018.

CONCÍLIO VATICANO II. **Constituição Dogmática *Lumen Gentium***: sobre a Igreja. Roma, 21 nov. 1964a. Disponível em: <http://www.vatican.va/archive/hist_councils/ii_vatican_council/documents/vat-ii_const_19641121_lumen-gentium_po.html>. Acesso em: 20 set. 2018.

CONCÍLIO VATICANO II. **Constituição Pastoral** *Gaudium et Spes*: sobre a Igreja no mundo atual. Roma, 7 dez. 1965a. Disponível em: <http://www.vatican.va/archive/hist_councils/ii_vatican_council/documents/vat-ii_const_19651207_gaudium-et-spes_po.html>. Acesso em: 20 set. 2018.

_____. **Declaração** *Nostra Aetate*: sobre a Igreja e as religiões não cristãs. Roma, 28 out. 1965b. Disponível em: <http://www.vatican.va/archive/hist_councils/ii_vatican_council/documents/vat-ii_decl_19651028_nostra-aetate_po.html>. Acesso em: 20 set. 2018.

_____. **Decreto** *Unitatis Redintegratio*: sobre o ecumenismo. Vaticano, 21 nov. 1964b. Disponível em: <http://www.vatican.va/archive/hist_councils/ii_vatican_council/documents/vat-ii_decree_19641121_unitatis-redintegratio_po.html>. Acesso em: 20 set. 2018.

CONGAR, Y. **Igreja e papado**: perspectivas históricas. São Paulo: Loyola, 1997.

COSTA, R. da; ZIERER, A. Os torneios medievais. **Boletín Electrónico de la Sociedad Argentina de Estudios Medievales (SAEMED)**, ano II, n. 3, abr./jul. 2008. Disponível em: <http://www.ricardocosta.com/artigo/os-torneios-medievais>. Acesso em: 20 set. 2018.

COUTO, J. T. do. **Rei, reino e papado**: a destituição de D. Sancho II de Portugal (séc. XIII). 199 f. Dissertação (Mestrado em História) – Universidade Federal de Goiás, Goiânia, 2015. Disponível em: <https://repositorio.bc.ufg.br/tede/bitstream/tede/4466/5/Disserta%C3%A7%C3%A3o%20-%20%20Johnny%20Taliateli%20do%20Couto%20-%202015.pdf>. Acesso em: 20 set. 2018.

DELUMEAU, J. **Nascimento e afirmação da Reforma**. Tradução de João Pedro Mendes. São Paulo: Pioneira, 1989.

DENZINGER, H. **Compêndio dos símbolos, definições e declarações de fé e moral**. São Paulo: Paulinas; Loyola, 2007.

DIEHL, R. de M.; FERNANDES, F. R. A Cúria Papal: de Roma para Avignon (c. 1250-1350). **Intus-Legere: Historia**, v. 11, n. 1, p. 21-44, 2017. Disponível em: <http://intushistoria.uai.cl/index.php/intushistoria/article/view/211/196>. Acesso em: 20 set. 2018.

DOCUMENTOS dos primeiros oito concílios ecumênicos. Tradução de Otto Skrzypczak. Porto Alegre: EdiPUCRS, 1999. (Coleção Teologia; 19).

FALBEL, N. **Heresias medievais**. São Paulo: Perspectiva, 2005.

_____. **Os espirituais franciscanos**. São Paulo: Perspectiva, 1995.

FAVIER, J. **Carlos Magno**. São Paulo: Estação Liberdade, 2004.

FERNANDES, F. R. Nem Roma, nem Avinhão, mas Pisa. In: SOUZA, J. A. de C. R. de (Org.). **As relações de poder**: do Cisma do Ocidente a Nicolau de Cusa. Porto Alegre: EST Edições, 2011. p. 68-87.

FRIGHETTO, R. **Antiguidade tardia**: Roma e as monarquias romano-bárbaras numa época de transformações – Séculos II-VIII. Curitiba: Juruá, 2012.

GAMBER, K. **La Reforma de la liturgia romana**. Disponível em: <http://www.unavocesevilla.com/reformaliturgia.pdf>. Acesso em: 20 set. 2018.

GONZAGA, J. B. **A Inquisição em seu mundo**. 4. ed. São Paulo: Saraiva, 1993.

HASTENTEUFEL, Z. **História da Igreja antiga e medieval**. Porto Alegre: Evangraf, 2001a. v. 1.

_____. **História da Igreja nova**: tempos dos cismas e das reformas. Porto Alegre: Evangraf, 2001b.

HORTAL, J. **E haverá um só rebanho**: história, doutrina e prática católica do ecumenismo. 2. ed. São Paulo: Loyola, 1996.

JEDIN, H. **Breve historia de los concilios**. Barcelona: Herder, 1960.

KNOWLES, D.; OBOLENSKY, D. **Nova história da Igreja**. Tradução de João Fagundes Hauck. Petrópolis: Vozes, 1974. v. 2: A Idade Média (600-1500).

LEITE, G. **Conceito de pessoa**: na trajetória filosófica e jurídica. mar. 2016. Disponível em: <https://jus.com.br/artigos/47003/conceito-de-pessoa-na-trajetoria-filosofia-e-juridica/1>. Acesso em: 20 set. 2018.

LEZENWEGER, J. et al. (Ed.). **História da Igreja Católica**. São Paulo: Loyola, 2006.

LIMA, M. C. de. **Introdução à história do direito canônico**. São Paulo: Loyola, 2004.

LOYN, H. R. (Org.). **Dicionário da Idade Média**. Tradução de Álvaro Cabral. Rio de Janeiro: J. Zahar, 1990.

MARÍN RIVEROS, J. Inocencio III y la cuarta cruzada. **Intus-Legere: Historia**, v. 2, n. 1 p. 127-137, 2008. Disponível em: <http://intushistoria.uai.cl/index.php/intushistoria/article/view/115/102>. Acesso em: 20 set. 2018.

MATTEI, R de. **Pio IX**. Porto: Civilização, 2000.

MELLONI, A. Os sete concílios "papais" medievais. In: ALBERIGO, G. (Org.). **História dos concílios ecumênicos**. Tradução de José Maria de Almeida. São Paulo: Paulus, 1995. p. 185-218.

MIETHKE, J. **Las ideas políticas de la Edad Media**. Buenos Aires: Biblos, 1993.

MITRE, E. **Historia de la Edad Media en Occidente**. Madrid: Cátedra, 2008.

MULLET, M. A. **The Catholic Reformation**. London; New York: Routledge, 1999.

NICOLAS, I. de. **O logos do quarto Evangelho**. 1ª parte: heresias gnósticas. Disponível em: <https://xppascom.files.wordpress.com/2011/02/natal-do-senhor-jo-1-1-5_9-14-o-logos-do-quarto-evangelho-1a-parte-heresias-gnc3b3sticas.pdf>. Acesso em: 20 set. 2018.

NIETO SORIA, J. M. **El pontificado medieval**. Madrid: Arco Libros, 1996.

ORLANDIS, J. **Historia de las instituciones de la Iglesia católica**. 2. ed. Pamplona: Eunsa, 2005.

PARENTE, P.; PIOLANTI, A.; GAROFALO, S. **Diccionario de teología dogmática**. Barcelona: Editorial Litúrgica Española, 1955.

PERRONE, L. De Niceia (325) a Calcedônia (451). Os quatro concílios ecumênicos: instituições, doutrinas, processos de recepção. In: ALBERIGO, G. (Org.). **História dos concílios ecumênicos**. Tradução de José Maria de Almeida. São Paulo: Paulus, 1995a. p. 11-119.

_____. O Constantinopolitano IV (869-870): primado romano, pentarquia e comunhão eclesial às vésperas da separação entre Oriente e Ocidente. In: ALBERIGO, G. (Org.). **História dos concílios ecumênicos**. Tradução de José Maria de Almeida. São Paulo: Paulus, 1995b. p. 157-183.

PRELATURA DELLA SANTA CROCE E OPUS DEI. **Visita di Paolo VI al centro ELIS**. Disponível em: <https://www.youtube.com/watch?v=116poWpgOgw>. Acesso em: 26 dez. 2017.

PROCH, U. A União no segundo Concílio de Lião e no Concílio de Ferrara-Florença-Roma. In: ALBERIGO, G. (Org.). **História dos concílios ecumênicos**. Tradução de José Maria de Almeida. São Paulo: Paulus, 1995. p. 277-314.

RENOUARD, Y. **The Avignon Papacy**: the Popes in Exile (1305-1403). New York: Barnes & Noble Books, 1970.

RIGHETTI, M. **Historia de la liturgia**. Madrid: Biblioteca de Auctores Cristianos, 1955-1956. v. I-II.

ROLLO-KÖSTER, J. **Avignon and its Papacy, 1309-1417**: Popes, Institutions, and Society. London: Rowman & Littlefield, 2015.

ROWLAND, T. **A fé de Ratzinger**: a teologia do Papa Bento XVI. São Paulo: Instituto Raimundo Lúlio/Ecclesiae, 2013.

RUNCIMAN, S. **Las vísperas sicilianas**. Barcelona: Reino de Redonda, 2009.

SANTA SÉ **Compêndio do Catecismo da Igreja Católica**. 2005. Disponível em: <http://www.vatican.va/archive/compendium_ccc/documents/archive_2005_compendium-ccc_po.html>. Acesso em: 20 set. 2018.

SHAHAN, T. Third Council of Constantinople. In: **The Catholic Encyclopedia**, New York, v. 4, 1908. Disponível em: <http://www.newadvent.org/cathen/04310a.htm>. Acesso em: 20 set. 2018.

SHENOUDA III, Papa. **The Nature of Christ**. 1999. Disponível em: <http://copticchurch.net/topics/theology/nature_of_christ.pdf>. Acesso em: 20 set. 2017.

SOARES, C. da S. **O conflito entre o paganismo, o judaísmo e o cristianismo no principado**: um estudo a partir do *Contra Celso*, de Orígenes. 211 f. Dissertação (Mestrado em História) – Universidade Federal do Espírito Santo, Vitória, 2011. Disponível em: <http://repositorio.ufes.br/bitstream/10/3462/1/tese_4640_Carolline_da_Silva_Soares.pdf>. Acesso em: 30 nov. 2018.

SOUZA, J. A. de C. R. de. A eleição de Celestino V em 1294 e a crise da Igreja no final do século XIII. **Veritas**, n. 155, p. 481-498, 1994.

_____. A gênese do conciliarismo. **Leopoldianum**, n. 21, p. 15-37, ago. 1981.

_____. **As relações de poder na Idade Média tardia**: Marsílio de Pádua, Álvaro Pais e Guilherme de Ockham. Porto Alegre; Porto: EST Edições, 2010.

SOUZA, J. A. de C. R. de (Org.). **As relações de poder**: do Cisma do Ocidente a Nicolau de Cusa. Porto Alegre: EST Edições, 2011a.

_____. O Cisma do Ocidente: os antecedentes e seus desdobramentos imediatos. In: _____. **As relações de poder**: do Cisma do Ocidente a Nicolau de Cusa. Porto Alegre: EST Edições, 2011b. p. 13-37.

_____. **O reino e o sacerdócio**: o pensamento político na Alta Idade Média. Porto Alegre: EdiPUCRS, 1995.

SOUZA, J. A. de C. R. de; BAYONA AZNAR, B. (Org.). **Igreja e Estado**: teorias políticas e relações de poder no tempo de Bonifácio VIII (1294-1303) e João XXII (1316-1334). Braga: Axioma, 2016.

STILLMAN, Y. K. **Arab Dress**: from the Dawn of Islam to Modern Times. 2. ed. Leiden; Boston: Brill, 2003.

THOMAS, P. C. **Os concílios gerais da Igreja**. Aparecida: Santuário, 2000.

VÁZQUEZ DE PRADA, A. **O fundador do Opus Dei**. São Paulo: Quadrante, 2004. v. 3: Os Caminhos Divinos da Terra.

VENARD, M. O Concílio Lateranense V e o Tridentino. In: ALBERIGO, G. (Org.). **História dos concílios ecumênicos**. Tradução de José Maria de Almeida. São Paulo: Paulus, 1995. p. 315-363.

VEYNE, P. **Quando nosso mundo se tornou cristão**: (312-394). Tradução de Marcos de Castro. Rio de Janeiro: Civilização Brasileira, 2011.

WOHLMUTH, J. Os Concílios de Constança (1414-1418) e Basileia (1431-1449). In: ALBERIGO, G. (Org.). **História dos concílios ecumênicos**. Tradução de José Maria de Almeida. São Paulo: Paulus, 1995. p. 219-276.

YANNOPOULOS, P. A. Do segundo concílio de Constantinopla (553) ao segundo concílio de Niceia (786-787). In: ALBERIGO, G. (Org.). **História dos concílios ecumênicos**. Tradução de José Maria de Almeida. São Paulo: Paulus, 1995. p. 121-156.

# Bibliografia comentada

ALBERIGO, G. **Breve história do Concilio Vaticano II**. Tradução de Clóvis Bovo. Aparecida: Santuário, 2013.

Uma história sintetizada dos pormenores do Concílio Vaticano II: preparação, bastidores e conclusão.

ALBERIGO, G. (Org.). **História dos concílios ecumênicos**. Tradução de José Maria de Almeida. São Paulo: Paulus, 1995.

Uma coletânea de estudos de diversos especialistas sobre a história de todos os concílios ecumênicos da Igreja, com ampla análise de fontes e referências à historiografia.

BELLITTO, C. M. **História dos 21 Concílios da Igreja**: de Niceia ao Vaticano II. São Paulo: Loyola, 2010.

Breve resumo da história dos concílios. Ideal para um primeiro contato, pois traz basicamente um concílio por página.

DENZINGER, H. **Compêndio dos símbolos, definições e declarações de fé e moral**. São Paulo: Paulinas; Loyola, 2007.

Compilação dos principais documentos da Igreja (concílios, pronunciamentos papais, encíclicas etc.) sobre assuntos de fé e moral.

DOCUMENTOS dos primeiros oito concílios ecumênicos. Tradução de Otto Skrzypczak. Porto Alegre: EdiPUCRS, 1999. (Coleção Teologia; 19).

Documentos doutrinários e cânones dos oito primeiros concílios ecumênicos, com comentário introdutório sobre a história e as fontes de cada concílio.

JEDIN, H. **Breve historia de los concilios**. Barcelona: Herder, 1960.

Uma obra clássica que sintetiza a história dos concílios e que influenciou os estudos posteriores sobre o tema.

THOMAS, P. C. **Os concílios gerais da Igreja**. Aparecida: Santuário, 2000.

Um bom resumo da história dos concílios, com atenção para os antecedentes de cada assembleia corciliar. Entretanto, contém alguns erros (especialmente ao falar das Igrejas orientais).

Impressão:
Janeiro/2019

# Sobre o autor

Rafael de Mesquita Diehl é professor e historiador, nascido em Porto Alegre (RS), em 1988. É bacharel e licenciado em História pela Universidade Federal do Paraná (UFPR), com a monografia "O processo de fortalecimento do poder régio no reinado de Fernando III o Santo em Castela (1217-1252) e Leão (1230-1252) inserido no contexto da Reconquista Ibérica", e mestre em História pela mesma instituição, com a dissertação "O poder régio e suas atribuições no *Speculum Regum* (1341-1344) do franciscano Alvaro Pelayo, bispo de Silves (1333-1350)". É doutor em História pela UFPR com tese intitulada "Eclesiologia e a monarquia pontifícia com João XXII em Avignon (1316-1334)". Suas pesquisas se concentram nas áreas de história medieval e história da Igreja.

## Capítulo 3

Atividades de autoavaliação

1. a
2. c
3. c
4. d
5. c

## Capítulo 4

Atividades de autoavaliação

1. b
2. d
3. b
4. b
5. a

# Respostas

## Capítulo 1
Atividades de autoavaliação
1. a
2. c
3. e
4. d
5. b

## Capítulo 2
Atividades de autoavaliação
1. d
2. a
3. b